现代信息资源检索与利用

（第二版）

主　编　高润芝

副主编　何　钧

经济管理出版社

前　言

　　信息资源检索与利用课是一门培养大学生的信息素养、提高自我知识更新能力和掌握文献检索技能的实践课程，是 21 世纪高校信息素养教育的重要课程之一。自 1984 年教育部要求在各高校开设这门课程以来，已走过了 20 多年风风雨雨的历程，它在增强学生信息意识、提高信息检索技能等方面起到了重要的作用。随着计算机信息技术的飞速发展，信息的来源、信息的传递方式、信息的获取途径等都发生了巨大的变化，原有的教学内容、教学方法、教学管理等也已发生了很大的变化。

　　《现代信息资源检索与利用》第一版成书于 2001 年，受到大学生和广大读者的欢迎。但随着网络化、信息化的日新月异，我们对课程进行了全面改革，在教学内容上大胆革新，减少了传统手工检索工具的内容，加大了网络数据库、Internet 检索等内容；在教学方法上摒弃了原来的板书加图示的方式，在学校率先使用多媒体方式进行教学；在考试方式上也进行了相应的调整。这次我们的修订版是在第一版的基础上，结合几年来我们的教学实践修订再版。全书按照授课体例编排，共分十一章，将传统检索工具与现代检索手段融为一体，内容涉及各种文献特点与分布。修订再版过程中，何钧、郭丽翔两位老师付出了很大的艰辛。

　　在教材的编写过程中我们参阅和引用了大量国内同行的论著、论文和网站，使本书的素材更为丰富，但因篇幅所限，书后参考文献可能存在遗漏，在此我们向这些文献的作者表示由衷的感谢，对我们引用但未列出的作者表示真诚的歉意，希望得到有关方面及作者的谅解。书中肯定存在错漏之处，请专家及读者给予批评指正。

目 录

1 概　　论

1.1　信息、知识、情报、文献

1.1.1　信息

信息无处不在，无时不有，无人不用，今天它已成为使用频率最高的词汇之一。对信息的利用越广泛，对信息的研究越深入，人们对信息的认识和理解也就越多样化、越深刻。

从哲学意义上讲，信息产生的根本原因在于物质的运动，信息是物质世界一切事物运动、变化的反映。信息论创始人美国贝尔电话研究所的数学家香农于 1984 年在《贝尔系统技术杂志》上发表的《通讯的数学原理》中首次提出了："信息是关于环境事实的可通信的知识，信息通过各种形式，包括数据、代码、图形等反映出来。"他提出信息是两次不确定性的差距，用以消除随机性或不确定性的东西。同年，控制论创始人美国著名科学家维纳也提出："信息是人们在适应外部世界并且使这种适应反映作用于外部世界的过程中同外部世界进行交换的内容的名称"，将信息的概念进一步推广。中国情报学家严怡民在其主编的《情报学概论》一书中将信息定义为：生物以及具有自动控制系统的机器，通过感觉器官和相应的设备与外界进行交换的一切内容。

信息具有客观性和普遍性，信息是对事物的状态、特征及其变化的客观反映，而信息又是无处不在的，无论在自然界、生物界、人类社会乃至人类的思维活动领域，都每时每刻在产生大量的信息；信息具有传递性，任何信息只有从信源出发，经过信息载体传递才能被信宿接收并进行处理和运用，也就是说，信息可以在时间上或空间上从一点转移到另一点，可以通过语言、动作、文献、通信、计算机等各种渠道和媒介传播；信息具有时效性，信息从生成到被接收，时间越短，传递速度越快，其效用就越大，反之就会失去其应有的价值；信息具有共享性，同一内容的信息可以在同一时间被两个或两个以上的用户使用，信息的提供者并不因为提供了信息而失去原有的信息内容和信息量，各用户分享的信息份额也不因为分享人数的多少而受到影响。

1.1.2 知识

知识，是人类对于客观世界的认识。信息是知识的重要组成部分，但只有将反映自然现象和社会现象的信息经过加工，上升为对自然和社会发展客观规律的认识，这种再生信息才构成知识。

1996 年 OECD（经济合作与发展组织）在其发表的年度报告中首次提出了"以知识为基础的经济"的概念，将"建立在知识和信息的生产、分配和使用的基础上的经济"定义为"知识经济"。在 OECD 报告中，对知识进行了全新的分类，即 know—what（事实性的知识），know—why（原理性的知识），know—how（技能性的知识），know—who（人力知识）。中国学者吴季淞又在此基础上提出了 know—when（时间性的知识）的概念，对知识进行了立体结构的揭示。1997 年原美国总统克林顿在其国情咨文中也使用了"知识经济"一词。

知识具有信息性，信息是产生知识的原料，知识是被人们理解和认识并经过大脑重新组织和系列化了的信息，信息提炼为知识的过程是思维。知识具有实践性和规律性，社会实践是一切知识产生的基础和检验标准。科学知识对实践具有指导作用，同时人们对实践的认识是一个无限的过程，人们获取的知识在一定层面上揭示了事物及其运动过程的规律性。知识具有继承性，第一次新知识的产生既是原有知识的深化和发展，又是更新知识产生的基础和前提，知识被记录或物化为劳动成果后可以世代相传并利用。知识具有渗透性，殖着知识门类的增多，各种知识可以相互渗透并产生新的知识门类，形成科学知识的网状结构体系。

1.1.3 情报

长期以来，学术界对"情报"一词的定义和解释不下几十种，最初仅为军事术语，《辞源》解释为："军中集种种报告，并预见之机兆，定军情如何，而报于上官者。"而今"情报"一词的概念在内涵和外延上都有了很大的扩展。前苏联情报学家米哈依诺夫认为："情报是作为存储、传递和转换对象的知识。"中国著名科学家钱学森认为："情报就是为了解决一个特定的问题所需的知识。"总之，情报是人与人之间传递着的一切系列化的知识，是知识的一部分。

情报具有知识性，情报的本质是知识。人们在日常生产和生活中，通过各种媒介手段，随时都在接受、传递和利用大量的感性和理性的知识，这些知识中包含着人们所需的情报，反过来说，没有一定知识内容的任何东西都不能称为情报。情报具有传递性，无论多重要的知识，人们不知道其存在就不能称为情报，"情报是激活了的知识"。情报具有效用性，运动着的知识也不都是情报，只有能够满足特定需要的运动着的知识才可称为情报。

信息、知识和情报之间的关系一直是人们讨论的热点，目前学术界比较一致的看法是：信息＞知识＞情报，三者是同心圆的关系。情报中激活了的知识，情报的直接上位概念不是信息而是知识，正如钱学森所说的，情报是激活的能解决问题的知识。情报是对用户有效用的知识，决策效用性是情报的本质特征。

1.1.4　文献

"文献"一词古来有之，最早见于《论语·八佾》："子曰：夏礼吾能言之，杞不足也；殷礼吾能言之，宋不足征也。文献不足故也。足，则吾能征之矣。"但并未对文献一词作出解释。南宋朱熹在其《四书章句集注》中写到："文，典籍也；献，贤也。"将文献解释为历朝的典籍和贤才。到了现代，对"文献"一词的解释更是多种多样，国际标准化组织《文献情报术语国际标准》（ISO/DIS5217）将文献解释为："在存贮、检索、利用或传递记录信息的过程中，可作为一个单元处理的，在载体内、载体上或依附载体而存贮有信息或数据的载体。"《中华人民共和国国家标准文献·文献著录总则》（GB3792·1-83）将文献定义为："文献是记录有知识的一切载体。"即文献是用各种形式的载体记录下来的一切有价值的人类知识，是以文字、图形、符号、声频视频等手段记录和传播的人类最宝贵的物质和精神财富的载体。作为具体概念的文献有四个构成要素：

（1）信息知识。文献是人们为了存储和传递的目的而记录的社会信息与知识的一种载体，知识和信息是文献的灵魂与主体。因此，信息内容是文献最基本的要素。

（2）记录符号。文献的发展，在记录符号上经历了结绳、刻本、绘画、象形文字、表意（表音）文字、声频视频符号、各种数字代码等过程。文字符号是人类信息交流最常用的符号，也是表达信息和知识的主要形式。声频视频符号富于直观性、形象性、动态性，是一种易于接受和理解的符号。各种数字代码符号是机器理解的编码和借助人机对话可以接收和理解的符号。

（3）载体材料。载体材料是信息和知识存储的依附体，也是信息和知识内容传播的媒介。人脑中存储的信息和知识用一定的符号表述出来，还必须记录在一定的物质材料上，成为一种凝聚的信息实体。据目前所知，世界上最早的文献是刻在龟甲和兽骨上的甲骨文。古代文献的材料首先是天然材料，如竹木布帛，后来发展为人造纤维材料。光、电、磁、化材料在文献中的运用产生了一大批新型载体材料，如胶片、唱片、磁带、光盘、穿孔纸带、复制材料等。

（4）制作方式。表达信息和知识的符号要存储在载体材料上，必须通过一定的生产制作方式。文献的方式，经历了刻画、手写、机械印刷、拍摄磁录以及计算机自动输入存储方式等。在印刷术发明以前，手工缮写是制作文献的主要方式，印刷术发明之后，机械印刷方式在相当长的一段时间里，替代了手写的主导位置。随着音像资料和电子文献特别是网络的发展，拍摄磁录以及计算机处理成为文献现代化生产的重要方式。

这四个要素中，信息知识和载体材料是文献的两个基本要素。记录是文献的基本特点，信息知识是文献的实质内容，载体材料是文献的外在形式。记录符号和制作方式是信息知识与载体材料两者的联系物，是记录知识的手段与方法。信息知识、载体材料、记录符号与制作方式四位一体不可分割。文献是这四个要素的集合。

文献具有知识价值、审美价值和商品价值等，知识价值是其主要的价值。体现在：文献是人类所积累和创造的知识财富的物化，是社会知识生产的成果或产品，是人类的精神产品；文献是知识的记录，是固化的信息与知识，是静态的信息与知识，是经过人的大脑综合加工而成的信息与知识，是能够被人们接受和理解的信息与知识；没有知识的存在，就不可能有文献。

1.1.5 文献信息

文献信息是从文献实体结构中抽象出来的内容，它借助于文献这种载体显示出知识的信息，通过文献进行存贮和传播，无论是自然信息还是社会信息，只要借助于文献来传递的内容，都属于文献信息。文献信息是人类对客观世界认识的精华，它是人类认识世界所获全部信息中的核心部分。只要抓住了文献信息，我们就抓住了人类认识的结晶，抓住了人类的思维果实。

文献信息与文献既有共性又不尽相同，共性在于：文献必须包含有信息，信息也必须依附于一定的载体。文献信息就是文献中所记录的信息，两者在本质上没有什么区别。其不同之处在于：文献是一个信息实体，是文献信息的贮存者；而文献信息是指文献中的信息内容进行传播交流，从而产生社会效应和思维效应的一种动态信息。文献概念侧重于物质属性，而文献信息则侧重于信息属性、价值属性。

1.2 社会科学文献信息与科技文献信息

1.2.1 社会科学文献信息及其特点

社会科学文献，是指在社会科学的研究活动中产生的、反映社会现象和规律的，以文字、符号、图像、声频视频等手段记录在一定物质载体上的信息。与自然科学和技术科学方面相比，具有以下特点：

（1）有一定的社会性和思想性。社会科学文献反映了社会中事物的信息，故具有社会性，社会科学文献来源于社会实践，也决定了它的社会性；社会科学文献反映社会信息、人的思想（包括作者的思想），所以其具有一定的思想性。

（2）有一定的阶级性和政治倾向性。社会科学文献研究的是由不同阶级、不同阶层、不同利益集团以及它们之间的现实交往关系所构成的社会，在对社会现象的解释研究过程中，对同一现象，作为研究主体的人往往由于其所隶属的阶级、阶层或利益集团的社会地位、阶级关系、价值观念的制约而作出不同的判定和解释。同时，社会科学不可能为一切阶级、一切政治制度服务，因而受到社会统治集团严格的政治干预。所以，社会科学文献具有一定的阶级性和政治倾向性。一般来说，所研究的具体学科，如政治学、法学、政治经济学、伦理学、历史学、新闻学等，研究对象越触及国家机器的核心部分，所产生的文献的阶级性和政治倾向性就越强。

（3）有明显的时代性。自然科学文献和社会科学文献都是时代的产物，都具有时代性。但由于社会科学的研究对象是处于一定历史发展阶段上具有独特特征的社会现象，各具体学科的对象内容会随着时代的变化而变化。每个研究主体都必须具有时代意识，站在所处时代的高度去解释社会现象，对同一史料，由于研究者所处时代的差异、价值取向的不同，而给予不同的结论。所以说，社会科学文献具有较明显的时代性。

（4）有较长的效用性。社会科学文献和自然科学文献都存在老化的现象，但由于自然科学知识积累性强，近年来的研究成果和文献信息专著往往能够涵盖以往的科学发展所积累的绝大部分有价值的东西，对于 20 年、50 年或 100 年以前出版的著作，研究新问题的科学家们一般很少再去翻阅。而社会科学文献的积累性弱，新的著作往往不可能全面吸收、取代以往的社会科学家的著述。因而许多社会科学文献在相当长的时间内，依然具有时代信息知识的价值。例如，《红楼梦》的艺术价值可能千古不衰；马克思、恩格斯的经典著作的历史价值和现实价值很难以时间来判断等。所以说，社会科学文献具有较长的效用性。

（5）具有内容的交叉性和综合性。人类社会现象是一种纷繁复杂的多维机体，各种社会现象、社会过程之间有着不可分割的内在联系，致使社会科学各学科间彼此交叉渗透，由此产生的社会科学文献便具有一定的交叉性，"你中有我，我中有你"。而这种交叉性又要求社会科学家必须掌握各方面的知识，从而从多角度、多层次地认识和研究社会问题，故社会科学文献又具有一定的综合性。

1.2.2 科技文献信息及其特点

我们将记录有科学技术信息或知识的一切载体称为科技文献。科技文献汇集了世代从事科学技术活动人们的劳动成果，是人们从事科学研究和生产实践的历史记录，为后人进一步的科学研究提供了基础。科技文献反映了当时人们对客观事物认识的程度、科技发展状况及发展水平，预示着科学发展的趋势和方向。它随着科学技术的产生而产生，并随之发展而发展。科技文献具有以下特点：

（1）数量急剧增长。据不完全统计，目前全世界每年出版期刊总数达 40 万种，其中半数以上为科技期刊。科学技术的每个学科、每个分支，甚至一些最新研究方向，或一个研究点，都会伴生一份期刊。如英国于 1974 年创刊的《核酸研究》杂志和美国于 1977 年创刊的《质粒》杂志就各自反映了一个新的研究方向。到 20 世纪 90 年代，世界上每年新问世的期刊都有五六千种，按 5% 的速度增长，每 15 年翻一番。在世界范围内的科技期刊，1665 年为 2 种，1675 年约 10 种，1800 年约 100 种，1880 年约 1000 种，1900 年约 1 万种，1944 年 3.3 万种，几乎以每 50 年增加 9 倍的速率在增长。每年发表的科技论文在 600 万篇以上，每年专利说明书达 100 万件，全世界的专利文献总数已达 2700 万件左右。此外，还有大量的特种文献出版。随着科学技术的迅猛发展，特别是 Internet 的发展，网上传播的科技信息量更是以前所未有的速度发展。

（2）内容交叉重复。同一篇科技论文经常由一种类型转化为另一种类型重复发表，同时多语种、译文的增加也使科技文献在内容上交叉重复，造成人力物力的浪费。例如，加拿大专利说明书 87.2% 与国外专利说明书重复，其中同美国重复的就占 2/3；又如一篇会议论文或学术报告先在刊物上发表，又出单行本，再出汇编本或论文集；另外，还有再版、改版或为追求经济利益，出版机构争相出版内容雷同的热门图书或新兴学科书刊等，都造成了科技文献交叉重复的情况。

（3）老化迅速、失效加快。科学技术飞速发展，新理论、新观点、新技术、新产品的出现层出不穷，使得科技文献有效使用时间越来越短，失效周期日益加快。通常我们用文献的有效使用来衡量文献寿命，据前苏联《发明问题》杂志统计，各类文献的平均使用时效为：图书 10～20 年，期刊及连续出版物 3～5 年，科技报告 10 年，学位论文 5～7 年，技术标准 5 年，产品样本 3～5 年。科技发达的西方国家认为，大部分科技文献的使用寿命一般为 5～7 年，甚至更短。

（4）文种繁多。在现代科学技术文献中，除传统的印刷体外，缩微资料、声像资料、机读资料、光盘资料大量涌现，文献逐步呈现数字化、电子化的趋势，且语种繁多。据报道，科技文献出版的语种达 70～80 种之多，比较集中的文种分布也有近 10 种。

（5）文献分布分散。随着现代化科学技术的不断发展，各学科专业之间的严格界限逐渐模糊、消失，各学科间的联系逐渐加强。由于学科的交叉渗透，使得许多专业文献发表在非专业期刊上，造成学科文献分布异常分散。例如，美国《化学文摘》收录期刊 12000 多种，其中化学化工专业的有关期刊不过千余种。

1.3 信息意识与信息素质

1.3.1 信息意识

同样重要的信息，有的人善于抓住，有的人却漠然视之。这是由于各人的信息意识强弱不同。信息技能的掌握在很大程度上取决于信息意识的提高。

信息意识是人们对各种信息的自觉心理反应，是人们利用信息系统获取所需信息的内在动因，具体表现为对信息的敏感性、选择能力和消化吸收能力。有无信息意识决定着人们捕捉、判断和利用信息的自觉程度，而信息意识的强弱对能否挖掘出有价值的信息、对文献信息的获取能力的提高起着关键的作用。

信息意识包含信息认识、信息情感和信息行为倾向三个层面。信息认识是对信息和信息活动的了解和看法，其中最重要的是评价性的认知；信息情感是指人们在接受信息的过程中，逐渐形成的反映需求关系的内心体验；信息行为倾向是指个人在信息活动中表现出来的行为倾向，是信息行为的心理准备状态。人们的信息收集活动是受信息需求驱使的，而影响需求力的大小主要就是需求意识的清晰程度，即意识越明确，行动的目标就越清楚，则信息活动的动机就越稳定、持久、强烈，努力程度也就越高。

信息意识形式有两种：一是被动接受状态；二是自觉活跃状态。前者指人们从社会的信息环境中被动地接受事先未料及的信息；后者指信息意识的觉醒状态，它促使人们制订信息活动计划，主动关心和了解各种变化，并作出相应的选择。

了解情报意识的有无和强弱，可以从以下几方面出发做出大致的判断：

是否认识到信息和信息活动的功能和作用；

是否具有对信息和信息活动的积极体验（依赖感、赞同感和支持感）；

是否具有与学习有关的信息需求和信息行为倾向，愿以最少的时间高效率地了解、查询自己需要的信息；

是否能自觉地表达出情报需要，并能及时地去查寻或主动利用信息系统来满足这种需求；

是否善于运用创造性思维，从大量信息中捕捉新动向，猎取趋势性的或有价值的信息；

信息意识是可以培养的，经过教育和实践，可以由被动的接受状态转变为自觉活跃的主动状态，而被"激活"的信息意识又可以进一步推动信息技能的学习和训练。

作为大学生，应具有这样一种信息意识：认识到信息和信息活动的功能和作用，认识到信息对学习和课余科研活动的效用，认识到各种信息源的价值和信息机构提供的产品和服务，从而形成对信息的积极体验，进而产生与学习和课余科研相适应的信息需求和信息行为倾向，努力扩充知识面，有意识地去学习信息检索技能，培养信息意识。

1.3.2　信息素质

信息素质是指从各种信息资源中检索、评价和使用信息的能力，是信息社会劳动者必须掌握的终身技能。信息素质的内涵具体包括能意识到准确和完整的信息是决策的基础，了解信息需求及问题所在，制定信息检索策略，掌握信息检索技术，能评价信息，能根据实际用途组织信息、使用信息，将新信息融汇到现有的知识结构中去。

早在 1985 年美国教育家就认为，面向 21 世纪的学生，除了要接受传统的新闻记者写作和数学教育外，还需要具有信息交流、批判性思考和解决问题的能力。教育的最基本目标是让每个学生学会如何识别信息，如何寻找、组织并能以明晰和有说服力的方式加以描述。美国图书馆协会信息素质教育委员会在 1989 年的年终报告中指出，具有信息素质的人也就具备了终生学习的能力，因为他们不管碰到什么问题或做什么样的决定，能够发现必要的信息。1992 年美国"信息素质全国论坛"将 45 项评价标准列为全国教育总目标的评价内容。

2 信息检索基础知识

2.1 文献信息检索

2.1.1 文献信息检索的含义

信息检索（Information Retrieval）是指将信息按一定的方式组织和存贮起来，并根据信息用户的信息需求查找所需信息的过程和技术，所以信息检索的全称又叫"信息存贮与检索"（Information Storage and Retrieval）。狭义的信息检索，仅指从信息集合中找出所需信息的过程，也是利用信息系统、检索工具或数据库查找所需信息的过程。信息检索又叫情报检索或文献检索。文献信息检索是指从文献信息集合中查找所需文献或文献中包含的信息内容的过程。

2.1.2 文献信息检索的类型

2.1.2.1 按检索对象划分

（1）文献检索（Document Retrieval）：以文献为检索对象。凡查找某一课题、某一著者、某一地域、某一机构、某一事物的有关文献的出版和收藏单位等，均属于文献检索。这是一种相关性检索，它可提供与用户需求相关的文献的线索或原文。

（2）事实检索（Fact Retrieval）：以特定的事实为检索对象。如查找某一事物发生的时间、地点与过程，如企业、人物的基本情况、历史变迁等，属于确定性检索。

（3）数据检索（Data Retrieval）：以数据为对象的检索。如查找某一数学公式、数据、图表，某一种材料的成分、性能等都属于数据检索的范畴。数据检索属于确定性检索。

2.1.2.2 按检索方式划分

（1）手工检索：即用人工来直接查找所需信息的方式，多利用各种检索工具的印刷版来实现。手工检索较为直观，不需借助辅助设备，但检索速度慢，漏检严重，查全率受检索资源储备数量的制约。

（2）计算机检索：即将大量的文献资料或数据进行加工整理，按照一定的格式存储在机读载体上，建成机读数据库，利用计算机对数据库进行检索。与手工检索相比，计算机检索速度快、效率高，查全率高，不受时空限制，检索结果输出方式多样，但检索质量受网络及数据库质量的制约。

2.2 文献信息资源类型

2.2.1 按文献的载体划分

（1）印刷型：以纸张为存储介质，以印刷为记录手段产生的传统文献形式。优点：便于阅读和流传，权威性高，规模数量巨大。缺点：存储密度低，体积庞大，难以实现自动输入和自动检索，管理较为困难。

（2）缩微型：以感光材料为存储介质，以缩微照相为记录手段产生的文献形式。优点：体积小，缩微度大，再现度高，传递方便。缺点：不能直接阅读，使用时必须借助于专门的机器设备，保存条件高。

（3）机读型：以磁性材料为存储介质，以键盘输入或光学字符识别输入为记录手段，通过计算机处理产生。这类文献一般用文件或数据库的形式存在在计算机的外部存储器（磁带、硬盘、光盘等）。优点：利于检索；缺点：必须借助专门的软件通过显示器或打印在纸上方可阅读、使用。

（4）声像型：又称视听资料。以磁性材料或感光材料为存储介质，通过特殊的机械装置记录声音信息或图像信息而产生。优点：声情并茂、形象逼真、易于接受；缺点：必须借助特定的设备才可使用。

2.2.2 按文献的加工程度划分

（1）零次文献（灰色文献即未公开发表的文献）是指未经发表的或未进入社会交流的最原始的文献，如私人笔记、书信、手稿、笔记、试验记录等，未经任何加工整理的信息。其特点是内容新颖，但不成熟，不公开交流，不易获得。

（2）一次文献（原始文献），是指基于作者本人的工作和科研成果而创作的原始论文，如期刊论文、科技报告、专利说明书、会议论文、学术论文等，它通常反映了著者的新观念、新发明、新技术、新成果、新思路、新消息，是创造性劳动的成果，是对知识的第一次加工，可供研究、决策直接参考、借鉴，具有较大的实用价值，是信息检索和利用的主要对象。

（3）二次文献（又称检索型工具书），是指将大量分散的、无组织的一次文献，进行浓缩、整序、加工、编辑成有系统的、条目化的文献，如目录、文摘、索引等检索工具。随着科学技术的发展，一次文献的数量越来越大，大大超过了个人所能收集和查阅的能力，因此需要把这些分散的、数量庞大的一次文献加以整理和加工，便于报道和检索。二次文献不对一次文献的内容作学术性分析与评价，只提供一次文献的线索。

（4）三次文献，即在一、二次文献的基础上，经过综合分析而编写出来的文献。如专题述评、动态综述、学科年度总结、进展报告以及数据手册、百科全书等参考工具书。三次文献信息资源具有综合性、针对性强，系统性好，知识信息面宽等特点，有较高的实用价值，能直接提供参考借鉴和利用，往往是查阅文献信息资源的起点。

2.2.3　按文献的出版形式划分

（1）图书。图书是文献的最基本形式，广义的图书可以泛指一切出版物。图书具有悠久的历史，但至今没有公认的严格定义。1961年联合国教科文组织为了统计的目的，将"一本除封面外，49页以上的非定期的印刷出版物"称为图书。《普通图书著录规则》（GB3792·2-85）将普通图书表述为"主要是指以印刷方式单本刊行的出版物，包括汇编本、多卷本、丛书等。不包括线装古籍、连续出版物及各种非书资料"。图书一般是对已发表的科研成果、经验，或某一知识领域系统的论述或概括。图书内容比较成熟、全面、可靠、信息量大，但由于撰写和出版所需时间较长，一些最新的理论、观点和方法往往不一定能得到及时的反映，因此具有信息传递速度慢的缺点。

图书采用ISBN号来进行管理，ISBN是英文International Standard Book Numbering的缩写，是国际通用的图书或独立的出版物（不含定期出版的连续出版物，如期刊）代码，即出版物的身份证。因为一个出版物按照ISBN取得的编号，将自始至终伴随着该出版物从编辑制作到出版发行的整个过程。任何人都可以通过 ISBN 清晰、准确地辨认所有非连续出版物——书籍或其他形式，并通过 ISBN 的信息知道该出版物所属的国家或地区，或语言。一个 ISBN 只能有一个或一份相应的出版物与之对应。ISBN 标准对世界图书贸易起着十分重要的作用，同时它也是图书或其他出版物建立目录档案不可缺少的组成部分。从图书或其他出版物出版、发行和管理的角度看，ISBN 标准不仅是图书或其他出版物分类系统的关键数据，也是方便版权管理和监视销售数字的关键环节。因此，它在世界范围内得到了极大的推广。然而，由于该系统创建时只考虑到了印刷类出版物，随着电子及多媒体出版物的出现和出版业的蓬勃发展，ISBN 系统的编号容量正在迅速减少，远远超过了该系统设计时的预想消耗速度。

2005 年 6 月，国际标准化组织（ISO）发布新版国际 ISBN 标准，即 ISO2108：2005《信息与文献——国际标准书号（IS-BN）》，该标准规定新的 13 位国际标准书号的执行日期为 2007 年 1 月 1 日。2007 年前的 ISBN 号由语区/国家代码、出版商代号、顺序号和计算机校验码组成，是一个 10 位定长的号码。如：ISBN 7① – 5624② – 1099③ – 2④，十个数字划分为四部分：①语区/国家代码：7 指中文、0 和 1 指英语、2 指法语、3 指德语、4 指日语、5 指俄语；②出版商代号；③顺序号（或书号）；④计算机校验码。

2007 年开始 ISBN 号升级为 13 位，将 ISBN 分为 5 部分，即在 10 位数前加上 3 位 ENA（欧洲商品编号）图书产品代码"978"，这样书号标识与物品标识就完整结合在一起了。上面的 ISBN 编号显示为：ISBN 978① – 7② – 5624③ – 1099④ – 2⑤。①图书产品代码；②语区/国家代码：7 指中文、0 和 1 指英语、2 指法语、3 指德语、4 指日语、5 指俄语；③出版商代号；④顺序号（或书号）；⑤计算机校验码。校验码将根据前面的 12 位数而不是 9 位数计算得出。

13 位数的系统与 10 位数的系统是兼容的。为了使系统资源供给充足并且能连续不间断地运行下去，同时为使更多的组织和个人进入出版界成为可能，在"978"用完后，可以用"979"、"980"或者……这样，EAN 产品代码成为了 ISBN 的一部分，13 位数的 ISBN 系统就与国际供应链上的 EAN－UCC 系统完全吻合了，出版物从此不再作为另类产品有独立的渠道发售，而是作为产品的一个分支存在，在贸易上的运作更容易进行，同时也可以预防任何可能的混淆、重复和错误的问题。

（2）期刊。指采用统一名称（刊名），定期或不定期出版的连续出版物。一般有连续的卷号、期号或年月顺序号。期刊在内容上大都汇集若干作者撰写的多篇文章、资料或线索，由常设的编辑人员编辑出版，各有专题，互不联系，故又称为杂志。期刊周期可分为半年刊、季刊、双月刊、月刊、半月刊、旬刊、周刊等，期刊中既有一次文献，也有二次文献和三次文献。期刊出版周期短、数量大、发行流通面广、连续性强、品种繁多，因此期刊上载有大量的、原始性的第一手资料和原创性的观点和成果，能及时反映世界科研发展水平，是科研情报的重要来源。

针对某一学科或专业领域，刊载大量专业论文和利用率较高的少数重要期刊，就称为该学科或专业的核心期刊。核心期刊是个外来语，20 世纪 70 年代末传入我国。核心期刊的最初意义只是反映特定学科相关的分布情况，属于文献计量学范畴，必须以统计数据作为基础，没有统计数据就无所谓核心期刊，它必须是某一学科较为集中地刊载原创论文的学术性期刊，它必须是少量的、具有代表性的期刊。

核心期刊的内容具有代表性和权威性，能够反映该学科最新成果和前沿动态。目前外文核心期刊基本以美国的《科学引文索引》（SCI）、《社会科学引文索引》（SSCI）和《人文与艺术科学引文索引》（AHCI）中收录的期刊为准。中文核心期刊以北京大学图书馆研制的《中文核心期刊要目总览》、中国社会科学院文献信息中心研制的《中国人文社会科学核心期刊要览》和南京大学中国社会科学研究评价中心研制的《中文社会科学引文索引》为主要依据。

期刊采用 ISSN 号进行管理，在每本正式出版的期刊封面上，都有一个国际标准连续出版物编号 ISSN（International Standard Serial Numbering），以实现对全世界期刊文献的管理。ISSN 是 ISDS（国际连续出版物数据系统）国际中心为在该系统登记的连续出版物分配的号码。采用 ISSN 编码系统的出版物有：期刊、会议录等。国际标准刊号等采用国际标准 ISO3297《文献工作——国际标准连续出版物号（ISSN）》。按国际标准 ISO3297 的规定，一个国际标准刊号由以 "ISSN" 为前缀的 8 位数字（两段 4 位数字，中间以一连字符 "－" 相接）组成。如：ISSN1005 － 8230，其中：1005 －823 为前七位为出版物序号；0 为最后一位为校验码。ISSN 号是一种期刊的唯一标号。我国于 1985 年建立了 ISSN 中国分中心（设在北京图书馆），负责中国期刊 ISSN 号的分配与管理，目前已有近 5000 种中文期刊分配了 ISSN 号并进入了国际 ISSN 数据系统。ISSN 通常都印在期刊的封面或版权页上。

（3）报纸。是指一种新闻性质的定期出版物，出版周期最短，发行量最大，报道范围广泛，具有极强的时效性。包括日报、隔日报、三日报、周报、旬报、月报等，报纸信息量大，往往一些科学技术、统计数字和经济领域的一些最新消息通常最先在报纸上报道，因此报纸也是十分重要的情报信息源之一。

（4）科技报告。是科技工作者围绕某一专题从事研究过程中所取得科研成果的正式报告，或是研究过程中某个阶段的进展报告，是科技工作者或研究机构向资助者呈交的研究结果。科技报告是第二次世界大战中发展起来的一种新的文献形式。战后由于发展科学技术的需要，人们沿用了这种报道形式。目前，科技报道已成为科技人员获取科技信息的重要来源。科技报告单篇成册，但有统一编号。其特点是时滞短，失效快；出版速度快，篇幅长短和出版日期不定；有保密性，有时不易获取。

（5）政府出版物。由政府机构制作出版，或政府机构制作并指定出版社出版的文献。它包括法律、法令、议案、决策、通知、统计资料等行政性文献和科技文献。这类文献一般集中反映了政府各有关部门的观点、方针、政策，对了解某一个国家的科技及经济政策有一定的参考价值。

（6）会议文献。指在国内外各种学术会议上交流的论文，大体分为会前和会后两种，一种是会前的手稿、预印稿；另一种是会后会议录。学术会议都是围绕着某一学科或专业领域的新成就和新课题来进行交流、探讨，因而会议资料是及时了解学科研究动态和发展趋势的重要参考资料。在各种会议上发表的论文，包括会议录中收集的论文或报告。

（7）专利文献。指发明人或专利权人向自己国家或国外的专利局提供申请保护某项发明时所呈交的一份详细的技术说明书，经专利局审查，公开出版或授权后所形成的文献。专利文献具有新颖性、创造性和实用性，是集技术、经济、法律为一体的文献，几乎囊括所有的技术领域，是极有价值的学术信息资源。其出版迅速、格式规范，有助于科技人员借鉴国际先进技术，避免重复劳动。

（8）学位论文。指著者为取得专业资格的学位而提出的，介绍他的发现与某种结论的调查或研究论文。学位论文是经过答辩和评审的原始研究成果，具有内容专一、阐述详细、比较系统的特点，学位论文水平较高，对研究工作有一定的参考价值。

（9）标准文献。指由国家某一机构颁发的对工农业技术产品和工程建设的质量、规格及检验方法等方面的技术规定的文献，是从事生产和建设应当共同遵守的一种技术依据和规范。每一件技术标准都是独立、完整的资料，作为一种规章性的技术文献，有一定的法律约束力，通过标准可了解各国经济、技术政策、生产水平，可预测分析其发展动向。

（10）技术档案。指生产建设、科技部门和企事业单位针对具体的工程或项目形成的技术文件、设计图样、图表、照片、原始记录的原本及复制件。包括任务书、协议书、技术经济指标和审批文件、研究计划、研究方案、试验记录等。是科研或生产部门对某项工程项目所作的全部有关的技术文件进行归档保存的文献，其特点是翔实可靠，具有一定的保密性。

（11）其他类型资料。包括产品样本、灰色文献、视听资料等，可以笼统地将图书、期刊以外的文献如科技报告、学位论文等称为特种文献，它们是科技人员进行科研时经常要用到的文献，在检索中，它们占有很大的比例。

2.3 文献信息检索语言

2.3.1 检索语言的定义

信息语言（Retrieval Language），是指用于描述信息系统中信息的外表特征、内容特征及表达用户信息提问的一种专门语言。信息检索语言是适应信息检索的需要，并为信息检索特设的专门语言。信息检索语言也称标引语言、索引语言等，是人与检索系统对话的基础，它使文献的标引者和检索者取得共同理解，从而实现检索。检索语言的使用是检索技能的一个重要方面。

2.3.2　检索语言的类型

检索语言可划分为不同的类型：按文献的有关特征可划分为内容特征语言和外表特征语言；按构成原理可划分为分类语言和主题语言；按适用范围可划分为综合性语言、专业性语言和多学科语言；按标识形式可分为先组式语言和后组式语言等几种类型。其中分类语言和主题语言是最常用的检索语言。

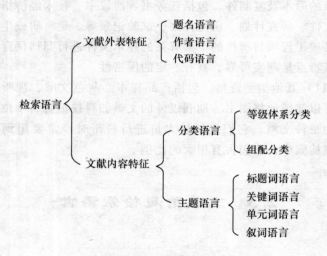

图 2 - 1　检索语言类型

2.3.2.1　分类语言

分类语言是按学科范畴和知识之间的相互关系列出类目，并用数字、英文字母对类目进行标识的一种检索语言。它集中反映学科之间的系统性及学科与学科之间的相关、从属、派生关系。这种检索语言体系是从大类到小类，从总体到局部，层层展开形成分类体系的。它由类目号码及名称构成分类类目表，在情报检索中作为检索语言。分类语言可分为等级体系分类语言和组配分类语言，目前最普通使用的是等级体系分类语言。

我国目前常用的分类吾言主要有《中国图书馆图书分类法》（简称《中图法》）、《中国科学院图书馆图书分类法》（简称《科图法》）、《中国人民大学图书馆分类法》（简称《人大法》）等，国外常用的分类语言有《杜威十进分类法》、《国际十进分类法》和《美国国会图书馆分类法》等。

（1）《中国图书馆图书分类法》简称《中图法》，是由政府部门编制的一部大型综合性图书分类法，1973 年完成初稿，1975 年由科学技术文献出版社正式出版，此后不断修订，1999年 3 月第四版正式出版，《中图法》是目前我国图书馆和情报单位普遍使用的一部综合性分类法。

《中图法》分有 5 个部类和 22 个大类。

基本部类	基本大类
马克思主义、列宁主义、毛泽东思	………A 马克思主义、列宁主义、毛泽东思想、邓小平理论
哲学	………B 哲学、宗教
社会科学	………C 社会科学总论
	D 政治、法律
	E 军事
	F 经济
	G 文化、科学、

教育、体育

H 语言、文字

I 文学

J 艺术

K 历史、地理

自然科学 ………N 自然科学总论

O 数理科学和化学

P 天文学、地球科学

Q 生物科学

R 医药、卫生

S 农业科学

T 工业技术

U 交通运输

V 航空、航天

X 环境科学、安全科学

综合性图书 ………Z 综合性图书

《中图法》的标记符号采用拉丁字母与阿拉伯数字相结合的混合号码制。其中拉丁字母表示大类，其他各级类目用阿拉伯数字表示。"T 工业技术"类的二级类目太多，也采用字母表示。例"TB9"，T 代表一级类目——工业技术，B 代表二级类目——一般工业技术，9 代表三级类目——计量学。《中图法》基本采用层累制作为编号制度。

例：

［大类］F 经济

［二级类］F0 政治经济学

F1 世界各国经济概况、经济史、经济地理

F2 经济计划与管理

　　［三级类］　　F20 国民经济管理

　　　　　　　　F21 经济计划

　　　　　　　　F22 经济计算、经济数学方法

　　　　　　　　F23 会计

　　［四级类］　　　F239 审计

　　　　　　　　F24 劳动经济

　　　　　　　　F25 物质经济

　　　　　　　　F27 企业经济

　　　　　　　　F28 基本建设经济

　　　　　　　　F29 城市与市政经济

　　（2）《中国科学院图书馆图书分类法》简称《科图法》，是中国科学院图书馆 1954 年编制的，到 1994 年已对版本修订了三次，《科图法》分为 5 大部类，下分 25 个大类，还有 6 个附表、1 个索引，所有大类号均用两位数表示。《科图法》影响很大，其编制既适合大型综合性图书馆，又能适应专业性图书馆使用，其自然科学部分类目较为详细，系统性强，具有较强的科学性。

　　《中国科学院图书馆图书分类法》（主表示例）

　　00 马克思列宁主义、毛泽东思想

　　10 哲学

　　20 社会科学

　　50 自然科学（总论）

　　71 工程技术

　　90 综合性图书

　　（3）《中国人民大学图书馆图书分类法》简称《人大法》，1953 年第一版，到 1996 年已经出版第六版，《人大法》是新中国成立后第一部科学性、实用性较强的图书分类法，当时以社会科学见长。分类法由 4 大部分、17 个大类、9 个复分表和 2 个附表组成。类目标识完全采用阿拉伯数字，一个数字代表一个类号，用 1～17 的数码表示 17 个基本大类；对两位一类的数码标识在号码数字后加小圆点；对全部类目等级列举次第展开，反映类目之间的种属和并列关系。

《中国人民大学图书馆图书分类法》（第六版主表示例）

1 马克思列宁主义　　毛泽东著作

2 哲学

3 社会科学、政治

4 经济

5 军事

6 法律

7 文化　　教育　　科学　　体育

8 艺术

9 语言、文字

10 文学

11 历史

12 地理

13 自然科学

14 医药、卫生

15 工程技术

16 农业科学技术

17 综合性科学、综合性图书

（4）国外主要分类法以《杜威十进分类法》和《美国国会图书馆图书分类法》最为著名。《杜威十进分类法》（Dewey Decimal Classification），简称《杜威法》或《DC 法》，是目前国外使用较为广泛、较有影响的图书分类法，由美国图书馆学家麦威尔·杜威 1876 年创制，目前已被翻译成 30 多种语言，并有大约

130 多个国家使用这一分类体系。杜威法是根据培根关于知识分类体系的倒排，采用十进制的等级分类体系，即把所有学科分成 9 大类，分别标 100 ~ 900 的数字，9 大类表示 9 个专门的主题范畴。各类中的类目均按照从一般到特殊，从总论到具体的组织原则，以下逐次分类，形成一个层层展开的等级体系。《杜威十进分类法》发表后，先后有许多国家的学者以此为根据编制了多种分类法，其中以《国际十进分类法》影响最大。

《杜威十进制分类法》主要类目

000　总论
100　哲学
200　宗教
300　社会科学
400　语言学
500　纯粹科学
600　技术科学
700　美术
800　文学
900　地理与历史

《美国国会图书馆图书分类法》（Library of Congress Classification）简称《国会法》或《LC 分类法》，是目前美国大多数图书馆采用的分类方法。《国会法》是世界上最大型的列举式分类法，其类目设置与次序并无严格的科学系统，未细致照顾学科之间的亲疏远近、并列从属等关系，而是以本馆藏书实际情况为依据，由各门类有关专家就自己领域逐类列类，众多不同类被安排为便于使用的次序。《国会法》分为 21 个大类，分别由 A 到 Z 的 21 个字母构成，采用拉丁字母与阿拉伯数字组成的混合号码为标记，字母表示基本大类和二级类，多为传统学科和知识门类，子目用数字为标记，从 1 ~ 9999，类目标记具有弹性，可无限延展，至小数点以后，各大类均有详细索引及专用的复分表。

《美国国会图书馆图书分类法》主要类目

A	总类：著作集
B	哲学、宗教
C	历史相关科学
D	历史：世界史
E ~ F	历史：美洲史
G	地理、人类学
H	社会科学
J	政治
K	法律
L	教育
M	音乐
N	美术
P	语言、文学
Q	科学
R	医学
S	农业及其他
T	工业技术
U	军事科学
V	海军兵学
Z	目录学及图书馆科学

2.3.2.2　主题语言

主题语言是直接以代表文献内容主题概念的标识作为检索标识，并按其字顺组织起来的一种检索语言。它打破了按学科分类的方法，使分散在各个学科领域里的有关课题的信息按字顺集中于同一主题，使用时就如同查字典一样按字顺找到所需的主题词，在该词下，列出反映该主题内容的有关信息。根据词语的选词原则、组配方式、规范方法，主题语言可分为标题词语言、关键词语言、单元词语言和叙词语言。

标题词语言是以标题词（规范的事物名称、名词术语）作为文献内容标识和检索依据的一种主题词语言，是最早出现的一种按主题来标引和检索文献的传统检索语言。标题词语言是来自自然语言中比较定型事物的名称，并经过规范化处理的能表达文献主题内容的词、词组或短语。标题词按字顺排列，词间语义关系用参照系统显示，以标题词表的形式体现。如美国工程信息公司编制的《工程主题词表》（Subject Headings of Engineering，简称 SHE）。

关键词语言是直接从原文的标题、摘要或全文中抽选出来，具有实质意义的、未经规范化处理的自然语言词汇，是作为信息存贮和检索依据的一种检索语言。关键词不受词表限制，表达事物概念直接、准确，能及时反映新事物、新概念，目前关键词语言已被广泛地运用于手工检索和计算机检索系统中。如美国《化学文摘》（Chemical Abstracts，简称 CA）的关键词索引。

单元词语言。单元词是一种最基本的、不能再分的单元词语，亦称元词，它也是从文献内容中抽出，并经过规范化处理，代表一个独立的概念。单元词具有灵活的组配功能，在检索时可以将某些单元词组配起来代表某一特定概念，因此这种语言属于后组式主题语言。

叙词语言是主题语言的最高级形式，其基本成分是叙词。叙词是从文献内容中抽选出来的、从概念上不可再分的基本概念的单元词汇。检索时利用这些表达概念单元的叙词进行组配，以表达一个复杂的概念。叙词语言适用于计算机检索和手工检索，是目前应用较广的一种语言。如英国《科学文摘》（Science Abstracts，简称 SA）、《EI》（1993 年后）等均采用叙词语言。叙词语言是一种规范化、后组式的主题语言。

2.4 文献信息检索的方法、途径及策略

2.4.1 文献信息检索的方法

信息检索是根据特定的课题要求，从检索系统中按照一定的方法和步骤把符合需要的信息文献挑选出来的过程。检索方法是指我们为准确、快速、有效、省时地检索出所需文献，依据一定的方法而制定的相关检索策略。常用的方法有以下几种：

（1）追溯法。又称扩展法、追踪法。是一种传统的文献检索方法，即利用参考文献进行深入查找相关文献的方法。追溯法包括两种方法，一是根据原始文献所附的参考文献进行追溯，另一种是利用引文索引检索工具进行追溯。

利用文献后所附的参考文献进行逐一追查被引用文献，然后再从被引用文献所附的参考文献目录逐一扩大检索范围，依据文献引用与被引用之间的关系获得内容相关的文献，这是一种扩大信息来源的最简捷的方法。通过追溯法获得的文献，有助于对论文的主题背景和理论依据等有更深的理解，在检索工具短缺的情况下，采用此方法可获取一定数量的相关文献。但是由于原文作者记录参考文献存在着不全面与不准确的情况，所以有时很难达到理想的结果。

（2）工具法。又称常规法。它是以主题、分类、著者等检索点，通过检索工具获得文献信息的一种方法，是一种常用的科

学检索方法。根据检索要求的不同，工具法又分为顺查法、逆查法和抽查法。

1）顺查法。依照时间顺序，按照检索课题所涉及的起始年代由远及近、从过去到现在逐年、逐卷地查找信息的一种方法。此方法多用于检索内容复杂、时间较长、范围较广的理论性或学术性课题。优点是查全率、查准率较高，漏查率低，但这种方法费时费力，检索工作量大，效率低。

2）逆查法。与顺查法相反，按照检索课题的时间范围，利用一定的检索工具由近到远、从现在到过去回溯查找文献信息的一种方法。这种方法多用于检索新课题或有新内容的老课题，及对某课题研究已有一定的基础，需要了解其最新研究动态的检索课题。优点是省时省力，灵活性大，效率高，且检出的都是最新文献，新颖性高，可对某学科或研究课题的最新动态及发展水平一目了然；但容易产生漏查，查全率、查准率低。

3）抽查法。它是针对某学科发展特点和发展阶段，抓住该学科发展较快、文献信息发表较多的年代，抽出这段时间进行检索的一种方法。它是根据学科发展的脉动性特点而采用的一种有效的检索方式。优点是能获得一批具有代表性、反映学科发展水平的文献，检索效果和效率较高，但使用这种方法必须了解和熟悉学科发展的特点及历史背景，方可得到满意的检索结果。

（3）循环法。又称交替法、综合法。它是指分期、分段交替使用追溯法和逆查法这两种检索方法以达到优势互补，获得理想结果的一种检索方法。具体步骤是：先利用检索工具查得一批相关文献，然后再利用这批文献所附的参考资料进行追溯查找，从而得到更多的相关文献，如此交替使用，直至满足检索需求为止。这种方法具有两种检索方法的优势，但前提是原始文献必须收藏丰富，否则会造成漏查。

2.4.2 文献信息检索的途径

查找文献，可根据文献的不同特征从不同的角度来进行，因此，文献检索有多种途径。

2.4.2.1 按内容特征检索

（1）主题途径：主题途径是按文献内容的主题来查找文献的途径。以确定的主题词作为检索入口，按主题字顺进行查找。一般利用主题目录和文献检索工具中的主题索引。主题词选词的参照体系是《主题词表》。用主题途径检索文献的优点是不用考虑文献的学科体系，比较直观，适合特性检索。

（2）分类途径：分类途径是按照文献所属的学科类别来检索文献的途径。以分类号（或类目）作为检索入口，按照分类号（或类目）的顺序进行查找。一般利用分类目录和文献检索工具中的分类目次表，依据的是一个可参照的分类体系。比如分类法、分类目次等。用分类途径检索的优点是能把同一学科的文献集中在一起查出来，缺点是新兴学科、交叉学科、边缘学科在分类时往往难以处理，查找不便。另外，从分类途径检索必须了解学科分类体系，将概念变换为分类号的过程时常易发生差错，造成漏检。

2.4.2.2 按外表特征检索

（1）著者途径：根据著者的名称查找文献，以已知著者（个人著者、团体著者或公司、机构）的名称作为检索入口，通过著者目录、个人著者、团体著者索引来查找所需文献的途径。

（2）题名途径：根据篇名或书刊名称进行检索，根据文献题名（包括书名、刊名、篇名）来查找文献的途径。它以题名作为检索入口，检索者只要知道文献的题名，就可以通过文献的题名索引（目录）查找到所需文献。

（3）序号途径：根据文献的顺序编号进行检索，以文献出版时所编的序号（专利号、标准号、报告号、合同号、文献登记号或入藏号等）作为检索入口，利用序号索引来查找文献的途径。序号索引排列时，分两和情况：序号单纯为数字的，按数字大小排列；序号为字母与数字混合，即数字前冠有字母的，先依字母顺序、后按数字大小排列。若已知文献号码，使用这种检索途径，不仅简单，且不易造成错检或漏检。

（4）引文途径：通过文献结尾所附参考引用文献或引文检索工具查找引用文献。

2.4.3 文献信息检索的策略

2.4.3.1 检索步骤

（1）弄清信息需求，明确检索目的。信息需求是人们客观上或主观上对各种情报信息的一种需求。这种需求是人们索取情报信息的出发点，也是联机信息检索时选择数据库、确定检索策略以及评价检索效果的依据。不同类型的课题，其信息需求的范围和程度也不尽相同。例如，申请发明、申报成果奖励、鉴定及立项类的查新课题，往往需要全面地收集某一主题范围的文献信息，这类课题具有普查、追溯的特点，应着眼于查全；而对于科研、生产中为解决某一特定问题的攻关课题，往往只要求检出的信息对自己的研究有所帮助，而查找的文献范围不需要很广。因此，这类课题则要求查准。

如何对信息需求进行正确的分析呢？应从信息需求的形式和内容两方面来分析。

1）有关信息的形式需求要明确的问题有：

①明确检索目的。明确检索是为了申报成果，还是为了了解学科的最新进展等，据此制定出符合查全或查准要求的检索

策略。

②明确所需的文献量。规定所需文献数量的上限，对以后确定检索策略和控制检索费用是一个很重要的参数；同时还需对检索课题可能有的相关文献量做出估计。

③明确所需文献的语种、年代范围、类型、作者或其他外表特征，这对限定检索范围也很重要。

2）关于信息的内容需求要明确的主要问题有：

①明确检索课题内容涉及的主要学科范围，这对以后选择合适的数据库很重要。

②分析检索课题的主要内容，用自然语言来表达这些内容要求，这是联机检索中较为重要的环节。

（2）选择数据库，确定检索途径。分析了信息需求后，可根据已知的条件来选择合适的数据库，这一步隐含了检索系统的选择。

选择数据库时，首先应了解：

①数据库收录的信息所涉及的学科领域；

②收录的文献类型，最好能进一步了解文献的主要来源；

③收录的时间范围；

④数据库的基本索引及辅助索引，它们提供的检索途径及检索标识的特点；

⑤数据库的检索费用，包括机时费和每篇记录的打印费。

数据库选定之后，其提供的检索途径也随之确定，并可根据已知的条件来确定某一个或几个检索途径。由于计算机存贮容量大和运算速度快，又对比较多的字段建立了索引，它不仅可以从手检中常用的主题词、分类号及作者等途径检索，而且可以从篇名、文摘的自由词、文献类型、期刊名称等途径进行检索，并且还能利用各种途径的组配进行交叉检索，这些都是手工检索所不及的。

（3）确定课题的概念组面和检索标识。弄清信息需求，了解了检索课题的主要内容后，确定其概念组面和检索标识是重要的一步。当检索课题包含较复杂的主题内容时，应明确组成课题内容的几个概念组面，并通过一定的逻辑组配形成一定的复合概念或概念关系来表达用户的信息需求。

确定了课题的概念组面，还须将概念组面转换成相应的为系统所识别的检索标识，检索标识的表示应符合两方面的要求：一是切题性，即检索标识反映信息需求；二是匹配性，即检索标识和检索系统的存贮特征标识相一致。

检索标识一般有如下三种形式：

①规范词：从待检数据库的叙词表或主题词表中选取规范化的词或词组，因为词表是数据库标引和检索必须共同遵循使用的检索语言。为了使检索提问标识与文献特征标识相一致，获得最佳的检索效果，应优先选用规范词。

②规范化的代码：索引代码是数据库系统为某些主题范畴或主题概念规定的索引单元。这类单元有很好的专指性，是一种有较好检索效果的文献特征标识。

③自由词：使用自由词检索能够充分利用系统的全文查找功能。规范词或代码的选择需利用词表或分类表等进行自然语言到规范语言的转换，而标引人员和检索人员的思路不一致时也会影响检索效果。此时，用自由词在篇名、文摘甚至全文中查找显露出一定优越性，自由词直接、简明，因此是科技人员易为接受、较为常用的一种方法。

（4）拟定检索提问式，确定具体的查找程序。检索提问式，是指计算机信息检索中用来表达用户检索提问的逻辑表达式，由检索词和各种布尔逻辑运算符、位置运算符以及系统规定的其他组配连接符号组成。从某种意义上讲，检索提问式是检索策略的具体体现，它的质量好坏，将关系到检索策略的成败。

检索标识确定后，接下来就是用一定的组配关系把各个检索标识连接起来组成检索提问式，并表达各种复杂的概念关系，以准确地表达信息需求。要注意各种逻辑运算符、位置运算符、截词符等的使用方法，如位置运算符的松紧程度及先后次序，还要考虑各个检索项的限定要求及输入的次序，以及根据反馈信息对检索提问式进行调整等。

2.4.3.2 检索策略

（1）检索策略的概念。所谓检索策略，就是在分析课题内容具有哪些概念单元的基础上，确定检索系统、检索文档、检索途径和检索词，并科学安排各检索词之间的位置关系和逻辑关系以及查找步骤等。检索策略考虑得是否周全，直接影响文献的查全率和查准率。

（2）制定检索策略的步骤。制定检索策略的前提条件是明确数据库及整个检索系统的基本性能。不同数据库收藏内容、标引方法和检索方法是不同的，不同检索系统配备不同的技术性能和操作符。在制定检索策略之前对数据库有几条检索途径，这些途径的标引所遵循的规则都必须有比较清醒的认识。如果在提问式中列出系统没有的检索点，是不可能检出文献的。

（3）制定检索策略的基础是弄清检索课题的内容要求和检索目的。在这一基础上，才能对检索课题进行概念分析，如果课题属单一概念就用单个检索词表达，若课题概念复杂，就把复杂概念分解为若干个概念单元，再用逻辑运算符把表达概念单元的检索词组配起来。将概念单元转换为检索词时，应尽量选用规范化词。检索新课题、边缘学科或是比较含糊的概念时，应特别小心，因为这些词往往没有收入系统，这里应从专业范畴出发选用本学科内具有检索意义的关键词即自由词，不然就会带来误检或漏检。

（4）检索策略构成的关键是正确地选词和配备逻辑符。

（5）调整检索策略。在计算机中检索中，常常会出现文献资料过少甚至为零，或文献资料过多的情况。作为检索人员，应与用户进行分析，及时调整检索策略，以使检索达到令人满意的效果。文献资源过多或过少，均可通过增加检索项，运用布尔逻辑的组配，以增加或缩小检索范围，达到增加或减少命中文献数量的目的。通常来说，逻辑"一与一"总是缩小检索范围，达到查准的目的；逻辑"一或一"总是扩大检索范围，达到查全的目的。而逻辑"一非一"总是排他检索，缩小检索范围，达到查准的目的。

2.4.3.3 检索效率

检索效率就是利用检索系统（或工具）开展检索服务时产生的有效结果。它直接反映检索系统的性能，影响系统在信息市场上的竞争能力和用户的利益。检索效率包括技术效果和社会经济效果两个方面。技术效果主要指系统的性能和服务质量，系统在满足用户的信息需要时所达到的程度。社会经济效果是指系统怎样经济有效地满足用户需要，使用户或系统本身获得一定的社会效益和经济效益。

在检索中最理想的是查全率和查准率都达到100%，就是数据库中收录的全部相关文献都被检索出来，而且检索出来的文献全部都是相关文献。但事实上，检索中有许多因素使这个指标很难达到，总存在一定的误差。那么就出现了两个评价误差的指标——漏检率和误检率。

在评价工作中，最常用的是查全率和查准率，而且应同时使用，否则就难以反映检索系统的功能及检索结果的效率。查准率和查全率结合起来，描述了系统的检索成功率、查全率和查准率之间有着互逆的关系，就是说查全率提高，查准率就下降，反之亦然。在计算机检索中，一般认为查准率为 60% ~ 70% 、查全率为 40% ~ 60% 是较为理想的。

系统的收录范围、索引语言、标引和检索等都是影响查全率和查准率的因素。

2.4.3.4 提高检索效率的措施

（1）提高文献库的编辑质量，使它的收录范围更全面、更切合相应学科或专业的需要，著录内容更详细、准确。

（2）提高标引质量，标引前后要一致，用词要恰当，组配要合理，努力做到：正确揭示主题——不错标；全面反映主题——不漏标；简练地使用标识——不滥标。

（3）提高索引语言的专指性和词表质量。加强对索引词汇的控制，完善词表的结构及其参照关系，使索引语言既有利于族性索引，又有利于特性检索。词表结构要完善，词与词之间关系正确，正确控制同义词和多义词，及时反映新学科、新技术的术语等。

（4）提高检索人员的工作水平和能力，了解数据库收集的内容和加深对词表结构的理解，正确做出主题分析，选择合适的检索文档，选择恰当的检索词表达查找主题内容，进行恰当的逻辑组配，找出最佳检索途径，从而制定出最优的检索策略。

（5）调整查全率和查准率。在实际的检索中可合理地调节查全率和查准率，根据不同的检索要求，使检索的结果最大限度地满足检索的要求。在实际检索中，有时对查全率要求很高，希望不遗漏任何一篇有关的文献，而查准率低一点也行；而有时只需浏览一些新的重要文章，不全部要，这里就要求较高的查准率，查全率低一点也行。总之，在检索时要合理地调节查全率和查准率，从而达到最佳的检索效果。

3 常用工具书检索

3.1 工具书基础

3.1.1 工具书概述

工具书是指根据一定■的社会需要系统汇集有关知识资料，以特定的编排形式和检索方法供读者检索查考有关知识、资料或事实的书籍。工具书是人类在长期的社会实践中所创造的特定的典籍。它能够提供人们特殊需要的知识和资料，告诉人们到哪里可以找到所需的知识信息，从而达到从无限丰富的人类知识中迅速查到所需要特定知识的目的，成为人们学习和研究的必备工具。

与普通图书相比，工具书具有其自身的特点：

（1）系统性。就文献组织而言，工具书具有高度的逻辑性和组织性，是一个严密、有效的系统。

（2）知识性。就文献为容而言，工具书是在大量普通图书文献的基础上经过提炼浓缩而成的信息密集型文献，能为人们提供系统、详尽的基本知识和高密度的信息资料。

（3）准确性。就文献乍用而言，工具书一般要求摒弃不成熟的、有争议的、含混不清的概念和知识，收录较为成熟的、可靠的、公认的、权威的观点和概念。

（4）资料性。就文献类型而言，工具书所收资料广采博收，论述精练，出处详明，为人们提供尽可能准确的知识资料或文献信息。

（5）概括性。就文献体制而言，工具书较之任何文献都具有高度的概念性，它从大量的原材料中提炼加工后而形成的信息密集型文献，内容广博而又高度浓缩，使读者在检索时省时、省力。

（6）检索性。就文献结构而言，工具书采用科学的编排方式和严谨的体系结构，力求易检易查，方便迅速。检索性是工具书的最基本属性。

（7）查考性。就文献功能而言，工具书将原本是松散无序的一次文献组合为有序的、易于检索的知识，在编排上科学实用，这就是工具书有利于查考的功用。

3.1.2　工具书种类

对于工具书类型的划分，历来存在着不同的意见，划分的标准也是见仁见智。如朱天俊、李国新的《中文工具书》将其分为12类：辞书、类书、百科全书、政书、年鉴、手册、书目、索引、表谱、图录、地图、名录等。詹得优、李建民的《中文工具书概论》，将其分为字典、词典，类书、政书，百科全书，年鉴、手册、名录，书目、索引，文摘，表谱、图录，总集、汇编等八大类。戚志芬的《参考工作与参考工具书》则结合查找主题，将工具书分为字典、词典，类书、政书，百科全书，年鉴、手册，书目、索引，年表、历表，人物传记工具书，地名和地理资料的参考工具书等七大类。另外科技工具书往往还要增加表式、规程、公式、数据、统计资料等内容。

如此看来，按照工具书的体例、内容和作用来进行大致的归类，是目前普遍能够接受的原则。教育部在 1984 年发出的《关于在高等学校开设〈文献检索与利用〉课的意见》的通知，就是归纳了以上意见，将工具书分为检索性工具书和参考性工具书两大类。其中书目、索引、文摘为"检索性工具书"的范畴，其余皆归入"参考性工具书"。结合辞书界通常把工具书分为辞书型和非辞书型两大类，业内人士目前倾向于将各种工具书刊按照其性质和作用分为检索性工具书（刊）、语言性工具书和参考性工具书（刊）三大类，如来新夏先生主编的《社会科学文献检索与利用》即持此观点，潘树广先生在《工具书与工具书的工具书》中也谈到工具书"按其主要职能划分，大体可分为语言性工具书、检索性工具书和参考性工具书三大类"。

（1）语言性工具书。包括字典、词典，又称辞书性工具书。字典主要汇集单字并解释字的形、音、义及其用法；词典又称辞典，主要是对词语和事物揭示其概念、变迁及用法等。因为古代汉语的词大多是单音的，即以单字为词，往往对复音词也加以解释；而词典又往往以单字为字头，兼有字典的作用，所以二者并无严格的界限，只是详略不同而已。

（2）检索性工具书，又称线索性工具书，属于二次文献的范畴。包括书目、索引、文摘，主要提供所查找文献的线索。书目是一批相关文献的揭示与记录，它揭示图书的名称、著者、卷册、版本、出版者等。索引以书刊中的事项或单元知识为揭示对象，逐一注明在原书刊中的出处。文摘则是摘录简介报刊论文或图书的主要内容。三者都是按照一定的方法编排，只是揭示的方法和内容各有侧重。

（3）参考性工具书。包括专门（科）性词典、类书、政书，百科全书，年鉴、手册、名录，表谱，法律汇编及条约集，统计资料汇编、数据集等。参考性工具书是工具书里类型最多、数量最大的一部分，多数带有科学工作者的前期研究成果，具有参考性，有的参考性工具书本身就具有知识性，如百科全书。

另外，还有专门（科）性辞典、图表类工具书、边缘性工具书等几类。

专门（科）性辞典是专收某一学科或某一方面词语的辞典。这类辞典数量最多，含人物、地名、学科性专著等，其重在知识性。

图表类工具书是专门收录以图形、图像来描绘事物、人物空间概念和形象概念，并附有文字说明的工具书。

其他如丛书、总集等纂辑型的资料书籍，一般我们将之称为边缘性工具书。

3.2 工具书的结构及排检法

3.2.1 工具书的结构

工具书作为一种特殊类型的图书，具有自身的特殊结构。一般来说工具书主要由以下几方面构成。

（1）序、跋。序、跋是说明工具书刊编著或出版的旨意和经过、正文评价、编排体例和作者情况等方面的文字，置于书前称"序"，它包括"绪论"、"前言"等，置于书后称"跋"，它包括"后记"等。与普通工具书相比，工具书刊的序跋显得极为重要，说明工具书的编纂宗旨、编纂经过、收录范围、内容特点、使用价值等，能够帮助读者正确选择工具书。

（2）凡例。凡例又称"例言"、"编辑凡例"等，主要介绍其编纂体例、编排方法及细则、特定符号等，为人们提供使用工具书的有关方法。

（3）正文。是工具书的核心部分，提供检索的主要内容。

（4）附录。附录一般是与检索和利用本工具书有关的各种辅助材料，例如，各种辅助索引、图表、目录、参考书目等，为读者提供多种使用本工具书的查找途径。

3.2.2　工具书的排检法

中文工具书的排检方法主要有三大类：字顺法、类序法和自然顺序法。外文工具书排检方法使用最广的是字母法。

（1）字顺法。字顺法是一种排检单字或"复词"的方法。一般字典、词典、百科全书都是采用这种方法。由于汉字的形体结构十分复杂，所以"字顺排检法"也是多种多样的。归纳起来主要分为三种：形序法、号码法和音序法。

1）形序法：形序排检法是根据汉字的形体结构，按照字形的某一共同性将汉字序列化的排检方法，这种方法比较适应汉字的特点，并符合人们从形出发"求音"、"求意"、查字的要求。形序排列法又分为部首法、笔画法、笔形法。

①部首法是我国工具书最普通的一种编排方法，大多数的字典、词典都是按部首法排列的。部首法是根据汉字的形体特征，按偏旁相同部分归类。所谓"部首"大体上说就是"偏旁"。过去人们把合体字的左方叫做"偏"，将右方叫做"旁"。

②笔画法又称笔划法、笔数法，是按汉字笔画数目的多少为排列次序的检字法。由于汉字数量大，其排列方法是笔画少的在先、笔画多的在后，笔画相同的汉字按每个字的部首或起笔加以区别。使用笔画法"检字"时，先要计算所要查的字的笔画，然后按笔画的多少的次序去查找。

③笔形法又称笔顺法，是按照笔形顺序确定汉字排序的检字

法。这种方法不论笔画多少，只看笔形和笔顺。笔形法起源于清代宫廷文书档案的整理和保管的方法，现在广泛采用的是"横、竖、撇、捺、折"顺序的五笔笔形法。

2）号码法：号码法是根据汉字一定部位的笔形及结构，用数字标出并连接为一个号码，再依号码大小为序排列的方法，号码法包括四角号码法、中国字庋撷法、起笔笔形法等。其中四角号码法用处最大，商务印书馆等出版的新旧工具书，绝大多数是按四角号码法排列的。

①四角号码是根据汉字方块形式的特点，以字的四角笔形取代号，用数字表示并连接为四角号码，再按号码大小顺序排列的方法。将汉字笔形分为十类，用 0～9 这十个数字表示，按"字"的左上、右上、左下、右下四个角"取号"，以左上为第一角，右上为第二角，左下为第三角，右下为第四角，每个汉字取四角，把四个角的笔形数字连接起来就成了四个号码，按四角号码排列"字顺"就成为四角号码法。例如："端"左上角为0，右上角为2，左下角为1，右下角为2，其四角号码为0212。

掌握四角号码有以下几种方法：一是记口诀。角形转换成号码的口诀是：横一垂二三点捺，叉四插五方框六，七角八八九是小，点下有横变零头。二是认笔形。三是记取号规则。

②中国字庋撷（guǐ xié）法。这种方法也是把笔形变为号码，但变的方法比较复杂，它是根据汉字的形体结构，把字形和笔形变成数码的一种排检法。它先把汉字分为五种体，即中、国、字、庋、撷五种形态，为了便于记忆，它把"庋撷"二字作为这十种笔形的代表，依次分开这两个字的笔形即得十种笔形，最后把这十种笔形转换成号码。

③其他号码法。包括起笔笔形法、六位笔形号码法、三角号码法、五码查字法等，这些号码法尚未推广，只有少数几种工具

书使用。

3）音序法：音序法是按照字音排列汉字的方法。主要有以下三种：一是按汉语拼音字母顺序排列；二是按韵部排列；三是按注音字母次序排列。

①汉语拼音字母排列法是按照汉语拼音字母顺序排列单字或复词的一种排检方法。1953年公布的《汉语拼音方案》采用26个拉丁字母作为汉语拼音字母，其中V字母只用于拼写外来语、少数民族语和方言，I、U两字母不用于音节开头，其基本形式是：按字词的汉语拼音的第一个字母次序排列；第一个字母相同的，按第二个字母顺序排列，依此类推；字母完全相同者，再依声调即阴平、阳平、上声、去声、轻声五种声调的顺序排列；音节相同者，再按起笔笔形并照顾到偏旁的同一性排列，或按笔画多少并兼顾偏旁的同一性排列，或按笔画笔形排列。

②声韵法是中国古代以"平上去入"四声和韵部排列汉字的方法。它是先将汉字按声调分为上平声、下平声、上声、去声、入声五类，在每一声类下，再将韵母相同的汉字归在一起，组成一韵部，并取其一字作为这一韵部的代表字，称为"韵目"，古代许多韵书都用此法。

③注音字母法是按照注音字母顺序编排单字或复词的一种排检方法。注音字母是在《汉语拼音方法》制定之前通行的汉字注音符号，以北京语音为标准，其形体利用汉字的偏旁改造而成。

（2）类序法。类序法是按学科体系、事物性质及主题内容等分类排列的方法，它包括分类法、主题法两大类（详见前面章节）。

1）分类法。分类排检法是把文献或知识内容，按学科体系或事物性质分门别类加以组织的排检方法。分类排检法大体可分为两类：一类为学科体系分类法，另一类为事物性质分类法。

2）主题法。主题排检法是把代表事物或概念的名词术语，按字顺进行排列的方法。主题法可以分为两种，一种是以未经规范化的自然语言作为主题词来编排文献资料的，另一种是以规范化的自然语言作为主题词来编排文献资料的。

（3）自然顺序法。自然顺序法是根据事物发生、发展的时间或事物产生所处的地理位置编排工具书的方法，包括时序法和地序法。

1）时序法。时序法是按时间顺序排列文献资料的方法，这类文献资料一般包括文献的写作、发表和出版年代，某一具体历史事件的产生、发展、人物的生卒年及生平活动，以及不同历法的年月日之间的关系。按这种方法编排的工具书主要是年表、历表和专门性表谱等，如《中外历史年表》、《中西回史日历》等。

时序法一般按历史时期、朝代及年月日为线索，编排比较简单，线索比较清晰，检索也很方便，但历表和纪元年表涉及不同的历法及历史上的各种纪年、纪月、纪日的方法，检索必须得法。

2）地序法。地序法是按自然或行政的地理位置的顺序或地区次序进行编排的方法，按此法编排的工具书主要是地图和地方文献，如《中华人民共和国地图集》、《中华人民共和国行政区划简册》等。按地序法查检，只需根据某一地名或某一资料所在的地区，即能准确查出所需资料。

3.3 词语性工具书

3.3.1 辞书概念

辞书，或称辞典、词典，是汇集语言或事物名次等词语，解释其概念和用法，并按一定的顺序编排以供查检的工具书。辞书有广义和狭义之分，广义的辞书包括各种字典、词典、类书、百科全书等工具书，狭义的辞书专指字典、词典等解释字的形、音、义及其用法的工具书。我们这里所指的辞书，是狭义的辞书。

辞书的编纂，在中国有着悠久的历史，只是在古代，并没有明确的字词之分，都统称为"字书"。中国有历史记载的最早的一部字书是周代教授学童识字的《史籀篇》，此外，秦代所编《仓颉篇》、《爰历篇》、《博学篇》以及汉代的《凡将篇》、《急就篇》、《训纂篇》等都是中国辞书的雏形。中国第一部成熟的字书是东汉许慎所作的《说文解字》，这部字书的出现，标志着中国字书的发展进入一个新的时代。

中国古代的辞书，对于汉字的形、音、义三方面各有侧重，因而大体可分为三大类：

（1）主形的字书。主形的字书，是以东汉许慎的《说文解字》为代表。《说文解字》首创了首部编排法，系统分析汉字字形，考究文字的本义，并于创了字书编纂的体例，是中国第一部正规的字典。

继《说文解字》以后，历代按其体例编排的辞书有：晋吕忱的《字林》，南朝梁顾野王的《玉篇》，宋王洙、司马光的《古今文字》，明梅膺作的《字汇》、张自烈的《正字通》，清张玉书等的《康熙字典》，民国初年欧阳溥存等的《中华大字典》等。其中《康熙字典》是中国第一部以"字典"命名的字典。

（2）主义的辞书。主义的辞书，以汉代的《尔雅》为代表，《尔雅》是中国现存最早的百科词典性质的辞书，分为释诂、释言、释训等19篇，包括古代的词、人事、地理、动物、植物的名称等各方面的内容。它是训诂学史上的开山之作，是中国最早的字书，不仅编纂体例基本相同，而且书名还多冠以"雅"字，这类辞书有：汉孔鲋的《小尔雅》、魏张揖的《广雅》等。

（3）主声的韵书。最早的主声的韵书是三国魏李登的《声类》和晋代吕静的《韵集》，但都已亡佚。隋代陆法言所著《切韵》，按字和词的音韵编排，是唐宋韵书的蓝本。后世仿《切韵》体例编排的有：唐孙缅编《唐韵》、宋陈彭年等编《广韵》、丁度等编《集韵》、官修《礼部韵略》、刘渊编《壬子新刊礼部韵略》等。

到了近现代，字典、词典的出版空前繁荣。人们把字、词加以区分，二者分别解字释词，各有侧重，从而形成了具有中国特色的一类工具书。

近现代编的字典、词典，由于目的对象不同，因此有各种不同的类型。概括地说，大体上可分为两类：一类是综合性字典、词典，它主要供学习语文、解决阅读中字、词方面的困难之用，如《新华字典》、《辞海》、《辞源》等；另一类是专门性字典、词典，专门收集某一方面、某一学科的专门术语名词，是提供学习和研究用的，如《英汉科技缩写词汇》、《经济大词典》、《哲学大词典》等。

3.3.2　辞书举要

《说文解字》，东汉许慎撰。它是中国第一部系统分析字形、解释字义的字典，全书收字 9353 个，其中包括异体字和汉代以前的古体字 1163 个。按 540 个部首排列汉字，编撰体例是以字为标目，先释义，再分析字形结构，然后以形求音求义。此书首创了部首法，保存了许多先秦字体和汉以前古音古训，反映了上古汉语的词汇面貌和汉字体系，在中国语言文字史上有着重要的地位，是中国第一部系统分析字形和考究字源的字书，也是世界上最古老的字典之一，对后代有深远的影响。

《康熙字典（新修）》，清张玉书、陈廷敬等奉敕编。收字47035个，是中国古代字典中收字最多的一部。全书共分12卷，按子、丑、寅、卯等12地支顺序排列，每集又分上、中、下卷。该书按214个部首编排，每一部首中的字按笔画数的多少依次排列。本书继承了中国古代字书传统，又有所改进和创新，书中对古音、古意解释比较详细，一般的冷僻字在书中都能查到，是学习古汉语的主要工具。因该书引文错误较多，在查考时要参阅王引之的《字典考证》、王力的《康熙字典音读订误》及日本人渡部温的《康熙字典考异正误》等。

《中华大字典》，徐元诰、欧阳溥存等编，收字48000多个，是新中国成立前收字最多的一部字典。它在《康熙字典》基础上编纂，并校正其两千多条错误。字体的收录、字义的解释和引证比较完备。此书不足之处是释义过细，引证不能追溯原文出处，有断章取义等缺点，主要功用在于与《康熙字典》相配合，供在学习和研究古代历史、语言、文学、哲学时，查检生僻字义之用。

3.4　线索性工具书

3.4.1　书目

3.4.1.1　概述

书目，又称为目录，是著录一批相关文献并按照一定的次序编排而成的揭示与报道文献信息的工具。它最初是指一种书的篇章名目和内容介绍，后来变化成记录一批图书名目的清册。在中国历史上，目录曾经出现过多种称谓，如"录"、"志"、"略"、"簿"、"考"、"书录"、"提要"等。

3.4.1.2　功用

书目的作用是多方面的。首先，书目记录了图书的书名、著者、出版、内容与收藏等情况，这对研究历代图书文献，考证学术源流，具有重要的参考价值。其次，书目产生于文献的大量积累与人们对文献利用的需求，它是连接文献与需求者之间的桥梁和纽带，起着指示读书门径的作用。此外，书目也是查考某一学科或某一专题文献的出版和收藏情况的重要检索工具。

在西方，英语"书目"（bibliography）一词是由希腊文"biblion"（书）和"graphein"（抄写）两个单词融合而成的，意为"图书的抄写"，而后演变成"关于图书的描述"，具有了书目的含义。中国也是世界上最早出现书目的国家之一，据《隋书·经籍志》载，中国目录的体制起源于《诗》、《书》的序。到了汉武帝时，国力强盛，文化得以长足发展，光禄大夫刘向及其子刘歆先后编成中国第一部解题式书目《别录》和第一部综合的群书目录《七略》。而现存最早的史志书目《汉书·艺文志》，距今也有 1600 多年的历史了。《魏中经簿》、《隋书·经籍志》、《文献通考·经籍考》、《四库全书总目提要》都是一些著名的古籍书目。

到了近代，书目的编纂有了较大的发展，不仅数量增多，而且种类丰富，出现了联合目录、馆藏目录、报刊目录等形式。除《四库全书总目》、《北京图书馆善本书目》、《中国地方志联合目录》等一批古籍书目外，还有《全国总书目》、《全国新书目》、《全国中文期刊联合目录》、《鲁迅研究资料编目》等一大批综合性和专题性的书刊目录。

3.4.1.3　书目举要

（1）国内部分。

①《四库全书总目提要》（又称《四库全书总目》），清代永

璎、纪昀等撰，中华书局 1985 年影印本。该书目收录了《四库全书》收入的古籍 3461 种，共 79309 卷，"存目" 6793 种，共 93551 卷，书目基本上包括了先秦至清乾隆以前的中国古代著作。按经、史、子、集四部法分门别类进行编排，是中国封建社会一部最大的图书目录，具有极高的学术价值。

②《四库全书简明目录》，上海古籍出版社 1985 年版。由于《四库全书目录》卷帙太繁，检索不便，纪昀等又删节提要，并删除了存目部分，编辑成《四库全书简明目录》。可以说这是《四库全书总目》的缩编本，比《四库全书总目》更为简明实用，其编排体例和《四库全书总目》相同，对于一般读者可起到"知类通方"的作用。如果只了解古籍一般情况，可使用此目录。

③《书目问答》，清张之洞撰，初刊于清光绪二年（1878）。是一部指导治学门径的重要书目，共列举古籍 2200 种左右，其中《四库》书未有者十之三四，《四库》虽有其书而校本、注本晚出者十之七八。全书按经、史、子、集、丛（丛书目）五部、三十余类编排。

④《贩书偶记》，孙殿起编，此书出版于 1936 年，是编者经营古籍贩卖事业时的详细记录，收录图书近万种。主要是清代以来的著述，其中有少量明代小说和 1911 ~ 1935 年间的有关古代文化著作。凡见于《四库全书总目》的图书概不收录。中华书局 1959 年重印本。本书与禹梦水的《贩书偶记续编》这两部古籍书目，是检索清末至 1935 年有关中国古籍的书目，起到《四库全书总目》续编的作用。

⑤《中国古籍善本书目》，这是中国目前规模最大的一部古籍善本联合目录。收录全国 781 个单位所藏、具有历史文物性、学术资料性、艺术代表性的汉文古籍共 6 万多种，约 13 万部。大体依照《四库全书总目》分类排列，分经、史、子、集、丛

书五部。各书著录书名、卷数、编著者、版本、批校题跋者等，其中汇集了许多过去鲜为人知的古籍善本。卷后附有藏书单位代号表和藏书单位检索表。

⑥《全国总书目》、《全国新书目》，国家出版局版本图书馆编，中华书局出版。两种书目均为综合性国家书目，收存的书目是全国各出版机构的缴送本，《全国新书目》和《全国总书目》是相辅相成的，前者报道及时，兼有提要、介绍、评论，起推荐作用，后者是前者的积累本。二者均采用分类法进行编排，分别按年度和按月出版。

（2）国外部分。

①《书目索引》（Bibliographic Index），美国威尔逊公司编辑出版，是一部现期性书目之书目，是集书目和索引于一体的检索刊物，每年三期。有磁带版和 CD – ROM 版。收录内容涉及 2800 种英语以及其他西文期刊，重点为美国出版物，按主题字顺排列。

②《世界书目之书目》（A World Bibliography of Bibliographies and of Bibliographical Catalogues），由英国当代目录学家贝斯特曼编。收录范围有关于图书、稿本、文摘、专刊等的书目，涉及各学科和专题，是一部收录范围非常广泛的回溯性书目。

③《在版图书》（Books in Print），通称 BIP，美国的鲍克公司编辑出版，年刊，是美国《出版商年鉴》（Publisher's Trade List Annual）的索引本，收录美国大多数出版商出版的图书、专题文集、丛书等，按著者和书名字顺分别编排，是美国著名的在版编目。

④《外文图书总目录》，北京 608 信箱编辑出版。这是"外文图书征订目录"的年度累计本，收录了中国已进口影印出版的外文文献。它是了解外文新书的重要检索工具。

3.4.2 索引

3.4.2.1 概论

索引，是指将著录书刊中的题名、语词、主题以及人名、地名等名称分别摘录出来，按照一定的方式编排，并注明出处的一种检索工具。索引（Index）的英文音译译为"引得"。中国古代一般称之为"通检"、"备检"等。

国外索引编纂较早，英文"index"一词来源于拉丁文"indicare"，意为"指明、指向"。在13世纪即有为《圣经》编制的索引。中国索引的历史也源远流长，明张士佩编的《洪武正韵玉健》（1575）、傅山编的《两汉书姓名韵》（1642），可视为中国索引工作的开始。实际上中国古代的类书已具有主题索引的性质，到了近现代，随着科学文化事业的发展和文献的增长，索引大量涌现，种类不断丰富。

3.4.2.2 种类

索引的种类很多，按描述文献的外表特征分类，索引可分为书名索引、责任者索引、文献序号索引、引文索引等；按描述文献的内容特征分类，索引又可分为分类索引、主题索引、关键词索引等。无论其以何种形式编撰，都要求资料上不疏漏，使用上要简便。

3.4.2.3 功用

索引对读书治学和科学研究有重要的作用，它通常能按照人名和主题帮助人们迅速地查检到书刊文献所需的资料，提高了文献检索的深度和检索效率，减少查找的盲目性，并在一定程度上克服记忆的局限性和不可靠性，扩大检索效果，从而节约大量时间和精力。因此它被称为"治学之门径"、"书海之指南针"。

索引的出版形式有两种：一种是单独成书或期刊的形式；另一

种是附在一些原始文献和工具书后面的索引，被称为"辅助索引"。

3.4.2.4　国内外社科论文索引举要

《全国报刊索引》，是由上海图书馆编排出版，检索国内报纸论文和期刊资料的工具，月刊，以题录形式作报道。该索引主要收集国内公开的和内部刊物登载的论文、简讯、通讯等资料，这是中国最早的检索刊物，是中国有史以来连续出版时间最长、收录报刊最多、最全面的报刊资料索引专刊。《全国报刊索引》的前身为《全国主要报刊资料索引》。1980 年起分"哲社版"和"科技版"两部分。

《国外社会科学论文索引》，由中国社会科学院情报研究所编，双月刊。提供国外哲学、社会科学最新期刊的重要学术论文题录，每期约 2300 条。所选篇目先以文种分列，再按学科分类排列。

《社会科学引文索引》（Social Science Quotation Index），美国科学情报研究所编辑出版，该索引文献来源于 1500 多种社会科学期刊以及有关的 2400 多种期刊论文所附的参考文献，年报道量约 70000 条，由"引文索引"、"来源索引"和"轮排主题索引"三部分组成。

3.4.3　文摘

3.4.3.1　概论

文摘是文献的内容摘要。它是将论文或书籍的主要论点、数据等简略确切地加以描述，突出内容中心，并按一定方式编排，以便读者查阅的一种文献检索工具。文摘不仅记录文献的基本书目信息，而且提供文献的内容梗概，但一般不对原文作补充、解释或评论。

文摘最初是从自然科学的几个学科文献中产生和发展起来的，英文文摘（Abstractus）一词原意为"抽取"，这种文献形式最早产生于欧洲，18世纪即有出现，人们都将1830年在德国创刊的《化学总览》（现已并入美国《化学文摘》）视为世界上较早的文摘刊物。中国的文摘起步较晚，新中国成立前中国化学会在其刊物的《化学》上辟有"中国化学摘要"专栏，算是最早的文摘资料。新中国成立后特别是近年来，文摘才有较大发展，但科技文摘居多，社会科学文摘却屈指可数。

3.4.3.2 功用

文摘不仅帮助读者间接获得文献主要内容与基本观点，节省时间，提供选择，减少利用资料和查阅资料的盲目性，而且，能提供学术动态和科研进展，指导学术研究，避免重复劳动。

3.4.3.3 分类

文摘按其摘要方式可分为指示性文摘和报道性文摘。指示性文摘是对原文献的高度浓缩，它只指出文献所探讨的对象、目的和主要结论，不涉及具体内容，概括性强，这类文摘实际上是"简介"；报道性文摘是对原文献内容创造性部分的全面、客观的报道，包括原文献讨论的范围、目的、研究手段和方法、主要成果和结论、有关的事项和数据等。

3.5 资料性工具书

3.5.1 类书

3.5.1.1 概论

类书是辑录古典文献资料，按类目或按韵部编排，以供寻检、征引、校勘或辑佚古籍的工具书。

中国自古就有编辑类书的传统，早在汉初的《尔雅》十九篇就已具有类书的雏形。公元 220 年，魏文帝曹丕命人编撰了被公认为中国历史上第一部类书的《皇览》(已失传)。而"类书"之名，始见于宋仁宗的《崇文总目》和《新唐书·艺文志》，这两部书目在子部设立了"类书"类，自此后人大都仿其体例编制书目。现存最早的类书是隋末唐初虞世南编的《北堂书钞》。明代解缙等编撰的《永乐大典》，是中国最大的类书。现存最大的类书是清代《古今图书集成》。2000 多年来，中国编纂了六七百种综合性和专业性的大小类书。

类书所收录的内容范围极为广泛，它汇集经、史、子集的著作、历史事实、名物制度、诗赋文章、成语典故、骈词俪句等，是中国古代文献的宝库。类书包罗万象，广采博收，内容庞杂，是中国古代百科全书式的资料汇编，但它又与西方百科全书有本质区别。中国类书按类或按一定的次序辑录原始资料，"述而不作"；而百科全书是以条目形式编排，汇集人类知识并加以概括性论述。类书内容侧重文史，沿袭传统，保持原始形态；百科全书是综合各类知识，文理兼收，力图反映最新的研究成果。从编排形式上看，类书是"以类相从"或按韵编排，而百科全书是以词条形式编排。由此可知，类书与现代百科全书的区别还是很明显的，不能把两者混同。

3.5.1.2 类型

类书按其收录内容，大致可分为综合性类书和专门性类书两类。前者包罗自然界和人类社会的多方面知识，大型官修类书多属于此类，如《艺文类聚》、《太平御览》等。后者的内容多为某一方面知识，如辑录事物起源的《格致镜原》，辑录典章制度的《册府元龟》等。

3.5.1.3 功用

由于类书保存了历史上珍贵而散佚的古代文献，这为今人辑佚、校勘提供重要依据，我们还可以查考事物起源资料、诗文文句的出处、史实典故渊源。

3.5.1.4 类书举要

《艺文类聚》，唐欧阳询等奉敕编，是中国现存最早的一部完整的官修类书，全书引用古籍 1400 余种，共 100 卷，分为 46 部，部下又分若干子目，共 729 项。所收内容包括社会和自然知识，兼收论著及诗文。从所分部类和编排方法上看，较为完善，晚出类书，多效仿此书。

《初学记》，唐徐坚等奉敕编，1962 年中华书局校点本。此书系唐玄宗为皇家子弟学习作文，查检诗文、典故、事类，特地命人编写的。其特点是分类简括，叙述扼要。全书共 30 卷，分为 23 部、313 类。全书卷帙不大，体例严谨。先为"叙事"，引古书有关事物掌故，做概括叙述；次为"事对"，取古代故事或文句熔铸成对偶词句；最后征引诗文片断。选材皆随以前古籍，价值较高。"在唐人类书中，博不及《艺文类聚》，而精则胜之。"

《太平御览》，宋李昉、扈蒙等奉敕编，现有 1960 年中华书局影印本，1985 年重印。全书 1000 卷，约 500 万字，共分 55 部、4558 类，按天、地、人、事、物为序编排。征引广博，包罗万象，是一部重要的综合性的类书，也是保存古代佚书较为丰富的类书。书中保存了大量古代社会的政治、经济、文化及自然博物等资料。查阅本书应利用书前的总目和详目。此外尚有《太平御览索引》（钱亚新编）、《太平御览引得》（燕京大学引得编纂处编）可作参考。

《古今图书集成》，清陈梦雷编，蒋延锡奉敕校补，最早有雍正六年铜活字本。全书 10000 卷，16000 万字，被外国人称之为"康熙百科全书"。全书分为六汇编（历象、方舆、明伦、博物、理学、经济），汇编下又分 32 典，典下再分部，总计为 6109 部，每部设"汇考"、"总论"、"图"、"表"、"列传"、"艺文"、"造句"、"记事"、"杂录"、"外编"等项，分类细致，条理明晰，便于查检。

《佩文韵府》，清张玉书等奉敕编，1937 年商务印书馆影印，1983 年上海古籍出版社重印。是一部专收文章典故、韵藻丽句的大型类书、韵书。"佩文"是康熙的书斋名，因而得名。全书 444 卷，收单字约 10000 个，依《平水韵》106 韵分为 106 部，书中以单字统词语，先对单字注音、释义；再列尾字与此字相同的复合词及成语，词语下举书证、列典故，按经、史、子、集为序编排；最后列"对语"、"摘句"。依韵排列，同一韵的字按常用字在前、罕用字在后；语句排列，先列《韵府群玉》、《五车韵瑞》原收的，再列新增的（在词语前加"增"字），所有词语均按字数多少排列，少者列前，多者列后。

《骈字类编》，清吴世玉等奉敕编，中国书店 1984 年据上海同文书局石印本影印，共 12 册。是一部专供查找典故、摘取偶词用的大型类书。所不同者是该书只收两字相连的词语（骈字），而《佩文韵府》兼收三四字的词语。其编排体系是按类编排，故称"类编"，《佩文韵府》是按韵排，其分类又是按词条首字字义分类，并非按词条的意义分类。全书共收单字 1604 个，分别编入 13 门中，门下以类相从，词条下列古书中用例，以经、史、子、集为序。全书"纂集群言，广稽博采"（本书《序》），引书多著篇名，诗文标题，是一部骈字的分类词典。

《册府元龟》，宋王钦若、杨亿等奉敕编，现有中华书局 1960 年影印本。全书分为 31 部、1104 门，共 1000 卷。系统地记录了宋以前经济制度和政策的变化以及生产、田赋、财政收入情况。

3.5.2　政书

3.5.2.1　概述

政书，主要记载历代或某一朝代的典章制度的沿革变化及其经济文化制度的史料，按类编排或叙述以备查检的工具书。政书属于历史著作的一个门类，具有制度史、文化史和学术史的性质。

政书编撰始于唐代刘秩编的《政典》，但体例不够完备。唐代杜佑在《政典》基础之上，扩编成《通典》，这部书是中国第一部全面、系统地记载历代典章制度的专著，也是中国现存最早的一部政书。它开创了典制体史书编纂的先河。

政书可分为通史性质的"十通"和断代性质的"会要"、"会典"。"十通"为《通典》、《通志》、《文献通考》、《续通典》、《续通志》、《续文献通考》、《清通典》、《清通志》、《清文献通考》、《清续文献通考》，共十部，构成政书的主要部分。"会要"和"会典"都是记载一个朝代的典章制度的政书。"会典"注重记载章程法令和典礼，不详述史实，多为官修；"会要"收录资料广博，编排分门别类，多为私纂。

3.5.2.2　政书举要

《通典》，唐杜佑撰。此书上溯唐虞时代，下讫唐肃宗、代宗。全书200卷，附考证1卷。分列食货、选举、职官、礼、乐、兵刑、州郡、边防8门。全书为中国首部按经济、政治、文化等专题来叙述典章制度沿革的通史，"详而不烦，简而有要"，是考察唐以前的礼文仪节、典章制度的重要工具书。

《续通典》，清乾隆三十二年高宗敕编，纪昀校定。全书150卷，体例仿《通典》，将兵、刑各置一门，计9门。书中续自唐肃宗至德元讫明崇祯末年（756~1643）。

《清通典》，也是乾隆三十二年（1767）高宗敕编，全书 100 卷，体例与《续通典》相同，各门子目略有调整，内容起于清初，终于乾隆五十年（1616~1785）。

《通志》，南宋郑樵撰。宋高宗绍兴三十一年（1161）成书，共 200 卷，附考证 3 卷。全书仿《史记》体例，内容有本纪、列传、年谱及二十略，纪、传、年谱起于三皇讫于隋，二十略则自上古至唐。此书的精华部分主要在二十略，可以说是博闻广识的巨著。二十略中除礼、职官、选举、刑法、食货据前人典章论述外，余十五略多半是在吸取劳动人民智慧基础上个人研究之成果。

《续通志》，清乾隆三十二年高宗敕编，纪昀校定，与郑樵《通志》门类体裁相同，全书 640 卷。记载宋、辽、金、元、明的史实，补充了唐代的纪传。

《清通志》，清乾隆三十二年敕撰。全书 126 卷，无纪传、年谱，只有二十略。

《文献通考》，元马端临撰。全书 348 卷，书起于上古，讫自宋宁宗，以《通典》为蓝本，补其缺，集历代典章制度之沿革，征续经史、会要、传记、奏疏等材料，汇为典章制度之宝藏，为研究文化史提供了资料和方便。全书分为 24 门，做到了"条分缕析，使稽古者可按类而考"。

《续文献通考》，清乾隆十二年高宗敕编，纪昀校定，书中辑录宋宁宗至明末四百多年间的典章制度，编辑体例仿《文献通考》，但多群祀考、群庙考，乃自《文献通考》郊社考、宗庙考中分出，计为 250 卷、26 考。

《清文献通考》，清乾隆十二年高宗敕编。书中辑录清初至乾隆五十年文献而成。全书 300 卷，此书编成，使马端临《文献通考》成为前后连贯的系统的文化史料汇编。

《清续文献通考》，清刘锦藻撰，原名《皇朝引文献通考》。在原《清文献通考》的 26 门之外，又增外交、邮传、实业、宪政 4 门，共为 30 门，叙乾隆五十一年至宣统三年止（1786 ~ 1911）。

以上《通典》、《续通典》、《清通典》统称为"三通典"，《通志》、《续通志》、《清通志》统称为"三通志"，《文献通考》、《续文献通考》、《清文献通考》、《清续文献通考》统称为"四通考"。此"十通"共 2700 卷，汇集历代典章制度之精要，在时间上有连续，在内容上有重叠，在利用其查找典章制度时，要注意掌握各部的体例、时间的起讫及利用《十通索引》等辅助资料。

《唐会要》，宋王溥撰，是中国现存最早的一部会要体政书，会要属于文化性质的史籍，专记唐代政治、经济、文化等各种制度的沿革变迁，其中史料多为新、旧《唐书》所无，可补正史之不足。其内容性质与《通典》、《通考》多相似。全书 100 卷，不分门，只标出 514 目。目下分条记载史实，另附杂录。

3.5.3 年鉴

3.5.3.1 概述

年鉴又称年刊、年报，是概述或汇集一年之内的时事文献、统计资料或学科最新进展，按年度逐年出版的资料性工具书。一般以年为限，通常包括专题论述、事实概况、统计资料、附录及目录索引等基本结构。

国外年鉴的编纂历史悠久，最先起源于欧洲，英文 Almanac 原为中世纪的阿拉伯语，意为"骆驼跪下休息的地方"，后演变为历书、日历等含义。从中世纪到 18 世纪，这种历书的内容转向兼容宗教、医学等知识的工具书。以后又逐渐演变为目前性质的年鉴。中国编制现代性质的年鉴是在近代以后，1913年上海神州编译社出版的《世界年鉴》是较早的综合性年鉴。内容包括世界各地历法、天象、经济、文教等各个方面。解放初，中国曾出版了《人民手册》和《世界知识年鉴》，持续十余年。近十年来，中国的年鉴出版事业迅速发展，出版的年鉴已超过千种，内容涉及各门学科。

3.5.3.2 类型

年鉴可按不同标准分为多种类型：年鉴按其编辑的内容性质可分为百科年鉴和专科年鉴。百科年鉴是按百科全书的内容、体例收集和编辑资料，以弥补百科全书内容相对稳定、出版慢之不足。专科年鉴主要按专科专题编辑，反映某一范围的材料和知识，以供人们了解国内外最新成果和情况。年鉴按其收录资料的地域范围可分为世界年鉴、国家年鉴和地方性年鉴。世界年鉴内容涉及多个国家，国家年鉴收录以本国为主，地方性年鉴反映某一省、市、区域的年度进展情况。年鉴还可分为综述性年鉴和统计性年鉴。后者以表格和数字为主。

3.5.3.3 功用

年鉴具有多方面的特点和功用：年鉴资料来源于政府公报、政府文件与重要报刊，因此资料十分准确、权威、可靠；年鉴逐年编制，收录内容包罗万象，资料适时、信息密集；年鉴一般是采用固定专栏的编排形式，资料注明来源，有些还附有书目、索引，叙述简洁、精练，可查找原文和掌握最新的资料线索。

3.5.3.4 年鉴举要

《世界经济年鉴》，中国社会科学院世界经济与政治研究所世界经济年鉴编辑部编，社会科学出版社1979年起逐年出版，是一部收录世界及各国各地区基本经济动态的大型工具书。内容包括五部分：世界经济综合性专题；国家和地区经济概况；国际经济组织；世界经济大事记；世界经济统计资料。该书所收集资料多来源于联合国及各国官方公报，具有较高的准确性和可靠性。

《中国经济年鉴》，中国经济年鉴编辑委员会编，经济管理出版社自 1981 年开始出版。本年鉴是新中国成立后第一部经济年鉴，通过丰富翔实的资料，全面、系统地反映各年度中国公民经济发展的新成就、新经验、新问题、新趋势，具有较高的权威性，被誉为"记载中国经济建设进程的史册"。1981 年是创刊号，内容包括 1949～1980 年中国经济发展概况。以后年鉴每年出版一册，均反映前一年的经济资料，栏目略有变动。

3.5.4 手册

3.5.4.1 概述

手册，是以简明的方法汇辑或叙述某一专题和学科的基础知识及参考资料，以供人们随时翻检的便捷性参考工具书。手册类工具书还包括指南、必备、须知、大全、便览、要览、总览、一览、百科、入门等。此类工具书大都提供某一专业和业务范围内的基本知识和经验。例如，事实、公式、数据、图表、规格、条例、制度等。

手册的编纂和出版，在中国产生得较早。唐宋时有《随身宝》，元朝时有《居家必备》、《居家必用事类全集》，明朝有《万事不求人》，这些民间分类编纂的各种有关生活事物知识的资料，实际都是具有手册性质的工具书。

3.5.4.2 功用

手册的突出特点是：一是资料集中、实用性强；二是便于携带、翻阅方便。

3.5.4.3 种类

手册的种类通常也可分为综合性和专业性的两大类。前者主要是汇集各个或多个领域的基本知识和参考资料，后者一般是汇集某学科或某专业的实用知识和基本资料。

3.5.4.4 手册举要

《乌利希国际期刊指南》（Uirich's International Periodicals Directory），1932 年创办，多次改版。是一部权威的、反映世界各国期刊和报纸出版信息的综合性指南，2000 年版收录 200 个国家 80000 家期刊社的 15 万种期刊，涉及 600 多个学科专题，其中包括 7000 种美国日报和周报，4000 余种其他国家的报纸。由于与《乌利希国际不定期连续出版物与年刊指南》（Irregular Serials and Annuals：an international directory, 1967 － ）合并，该书目现在所收录的连续出版物包括定期和不定期、年刊、双年刊或者刊期每年少于一期的出版物，如会议录、学报、学科进展、年鉴、手册、年度评论、专题论丛等。该指南虽为国际性，但以西方的刊物为主。

所收刊物按 600 个大主题排列，著录详尽，一般包括刊名、副刊名、主办单位、创刊日期、刊期、价格、编者、出版者、出版地、URL 网址、发行量、杜威和国会图书馆分类号、国际标准刊号（ISSN），同时也注明有无书目、索引、书评、插图、地图、统计、广告、缩微服务等内容。该指南的一个非常有价值的特点是指明某刊物为哪些索引和文摘所收录。因而不仅可以借此判断某刊物的质量和参考价值，也可以利用收入该刊的索引或文摘检索登载在该刊上的文章。它还有已停刊刊名一览表、刊名和主题索引、国际机构出版物索引、主要期刊简介和出版社地址。

期刊每年的变化量非常大，Ulrich 2000 年版新增上千种新刊，修改 11 万种期刊信息，并宣布 1 万种期刊的停刊信息。要及时了解刊物的最新出版信息和刊名变化，可用季度版的"Ulrich's Update"，该刊平均每期登载 1200～1500 条更新信息。此外，联机版每 6 周提供 1000～2000 条修改和新记录；CD-ROM 版每季度发行，每年更新 6000 种期刊。

《中华人民共和国手册》，社会科学文献出版社出版。它集中反映了新中国成立以来（1949～1985）的历史进程和光辉成就，包括各个不同发展时期特别是党的十一届三中全会以来政治、经济等各方面的基本情况。

3.5.5 百科全书

3.5.5.1 概述

百科全书是汇集人类的一切门类或某一门类完整的知识的工具书，它荟萃人类积累的科学文化知识，系统、简要地加以阐述，既可供查考寻检，又供人们系统阅读学习百科知识。它一向享有"工具书之王"的美誉。

百科全书的写作模式起源于西方，最早可追溯到古希腊、古罗马时期，当时百科全书式的著作都是为讲学而写的。"百科全书"英文一词"encylopedia"，意为一切知识领域的教育，哲学家、教育家亚里士多德被认为是西方百科全书的始祖。18 世纪以后，以法国资产阶级的先驱、大哲学家狄德罗为代表的法国百科全书派，编辑出版了《百科全书，或科学、艺术和手工艺大词典》，成为百科全书史上划时代之作。之后，百科全书的出版进入极盛时期。现代百科全书都是由各学科专家们撰稿，经由高水平的编辑班子编辑而成。世界各国都相继出版综合性百科全书，百科全书已被视为衡量一个国家科学文化的尺度之一。迄今为止，全世界已出版百科全书近 3000 种。

中国在清末民初开始介绍和翻译外国百科全书。起初"百

科全书"被译为"百科类典"或"百科学典",后来才命名为
"百科全书"。尽管民国时期出版了几百种百科全书,但皆不太
完善。直至 1980 年,中国才正式出版现代第一部大型综合性百
科全书——《中国大百科全书》。

3.5.5.2 类型

百科全书按收录范围一般分为综合性百科全书与专业性百科
全书。按版式或卷数分可分为多卷集、单双卷及三卷本。按读者
对象可分为专家、成人、普通读者、青少年及儿童等不同档次。

3.5.5.3 功用

百科全书的功用是非常强大的,成套的百科全书相当于一个
小型图书馆,兼有教育和查考的功能。它涵盖人类一切知识领
域,进行科学的加工、提炼,以条目的形式编排,可以解决关于
"什么"、"怎样"、"何地"、"何时"、"为什么"、"谁"等问
题,它融先进性、客观性、权威性、准确性于一体,它利于系统
学习知识、寻检资料。我们从中既能系统学习每个学科及其分支
的基本知识,又能了解学科最新的发展动态。因此,它被人们赞
誉为"人类知识之总汇"、"没有围墙的大学"。百科全书在写作
风格上,力求清晰、简洁,常附有照片和插图,并且在参见、索
引系统方面也比较完善,因此可读性较强。时常阅读它,能增进
知识,获取信息,开阔眼界。

3.5.5.4 百科全书举要

《中国大百科全书》,中国大百科全书总编辑委员会编,中
国大百科全书出版社出版。该书从 1980 年起陆续出版,1994 年
全部出齐。全书包括 66 个学科,分为 73 卷,另有索引 1 卷,收
录词条近 8 万条,总字数逾 1.25 亿。这部书的出版,是中国出
版史上的一个重要的里程碑。它以科学、系统、权威赢得了海内
外学术界人士和广大读者的普遍赞誉。

《不列颠百科全书》（Encyclopedia Britannica），又称为《大英百科全书》。它是世界上声誉最高、最有权威的百科全书，已有 220 多年的历史。目前，通用的是第 15 版修订本《新不列颠百科全书》（美国不列颠百科全书公司 1997 年出版）。该书分为四部分：

①《百科类目》（propaedia, outline of knowledge）1 卷，它是将全书分为 10 大类，大类下细分为 6 级，按分类编排，是全书知识体系的总表和分类指南。

②《百科简编》（micropaedia, ready reference and index）12 卷，共含短条目 12.4 万条，释文简洁，篇幅小，按条目字顺编排，提供丰富的知识信息，可作为百科词典单独使用。

③《百科详编》（macropaedia, knowledge in depth）17 卷，共含长条目 4200 余条，是全书的主体部分，也按条目字顺编排，提供丰富的知识信息，具有一定的权威性。每一条目末尾都附有相关的参考书目。

④索引（index）二卷，按主题词字顺排列，由说明语、卷号、页码及栏目号构成。索引卷是从主题内容进行检索的工具。

《简明不列颠百科全书》（中文版），中国大百科全书出版社、美国不列颠百科全书公司合作编译，1985～1986 年出版，据《不列颠百科全书》15 版的《百科详编》部分编译而成，更适合中国读者使用。共 10 卷，共收词目 7 万多条，内容侧重于西方的文化、科技成就。而有关中国的条目则均由中国专家另行撰写。全书按汉语拼音音序排列。第 10 卷是专门的索引，包括英汉条目对照索引和条目标题汉字笔画索引。

《科里尔百科全书》（Collier's Encyclopedia），该书是 20 世纪中期才出版的大型综合性百科全书，为著名英语三大百科全书 ABC 之 C（EC），科里尔是出版家的名字。1996 版由 Macmillan

Educational Co. 出版, 共24卷, 约2100万个词, 25000个条目。其中社会科学占20%、人文科学占30%、科技占15%、地理和地区研究占35%, 其内容配合美国大学和中学全部课程, 并着眼于普通人日常感兴趣的主题以及实用的现代题材, 如电视修理、捕鱼方法、公文程式、急救等。其特点是适应对象广, 材料更新及时, 有50%的内容是在近期修订的, 参考书目的选编比其他百科全书都强, 具有帮助自学的教育作用, 分析索引范围也广。该书特别适合于各种图书馆和学校以及家庭使用。

《苏联大百科全书》(Great Soviet Eneyclopedia), 是《苏联百科全书》第三版的英译本, 美国麦克米伦公司出版。全书32卷, 收入词目10万条, 内容上注重事实性资料, 关于前苏联的内容特别丰富。全书科技部分比重较大, 约占44%。

3.5.6 名录

3.5.6.1 概述

名录是提供有关名称及其基本状况的资料性工具书。它具有提供资料新颖、简明扼要的特点, 方便实用, 是用以查检有关人名、地名、机构名称、物品名称、企事业单位名称及有关情况的一种主要工具。

3.5.6.2 功用

名录有其自己的特点: 编排格式化、固定化, 文字简单明了, 具有专门性和实用性。其作用是可以一目了然地提供某人或某机构的通信地址及有关简况。

3.5.6.3 种类

名录按其收录内容划分, 可分为人名录、地名录、机构名录、物品名录、产品名录、企事业单位名录等。

3.5.6.4 名录举要

《世界工商企业名录》，新华社编辑出版。该名录已出版日本、欧美分册，它介绍企业的基本情况及其出口情况和对华贸易特点，有利于我们了解外国企业情况，促进外贸交流，书末附产品分类目录。

《中国地名录》，地图出版社出版，本书为《中华人民共和国地图集》的索引，收地名 32000 余条。条目包括地名、所属省区、经纬度、所在图幅和坐标网络。行政区划截至 1982 年年底。

3.5.7 表谱

3.5.7.1 概述

表谱是以精练的文字、表格的形式，按时间的顺序编制而成的，用以记载历史事物进展情况的工具书。

表谱的编纂在中国由来已久，其中年表产生最早，可上溯到周代史官记帝王年代和事迹的"牒记"。汉代司马迁编的《十二诸侯年表》、《六国年表》等，其体例已较完备。晋代杜预编的《春秋长历》是中国较早的一部历表。

3.5.7.2 种类和功用

表谱一般包括年表、历表和专门性表谱等几种类型。

年表是供人们参考年代用的。年表又可分为两类：一类是纪元年表，用以单纯查考历史年代和历史纪元的，如《中国历史纪年表》、《中国历史纪年》等；另一类是纪事年表，除纪年外，还有纪事，主要查考各种历史大事，大至政治、经济、军事，小至名人生卒年、报刊创刊停刊等。如《中外历史年表》、《中国历史大事年表》等。

历表又称"历书"，是把不同历法的日历汇编在一起以便于互相换算的表格，专供换算不同历法的年月日之用。如《中西回史日历》、《两千年中西历对照表》、《近世中西史日对照表》等。

专门性历书表谱主要用以查考人物、职官、地理等专题或专科资料，如《马克思恩格斯生平事业年表》、《历代职官表》等。

3.5.7.3 表谱举要

《中国历史纪年》，荣孟源编，三联书店1956年出版。全表分三编："历代建元谱"、"历代纪年表"、"年号通检"。该表可供查找年代顺序、各朝帝王年号，对研究古代文献有辅助作用。

《中国历史年表》，翦伯赞主编，中华书局1961年、1963年出版，全书分两卷，第一卷编辑讫止于公元前4500～1918年，第二卷为1919～1957年。该表选录的史实范围包括生产工具及生产技术改造的状况，政治、经济制度的沿革，科学发明、发现，国家民族大事，著名历史人物生卒。此表将同一时期中外发生的大事列出，以便于横向比较。编排方式是以公元纪年为纲，每一年代下分述中国、外国。中国于纪元下先列干支，再列朝代帝王年号、月份史实，外国史则从略。

《中国史历日和中西历日对照表》，方诗铭、方小芬编。本表包括上编（公元前841年～公元前1年）、下编（公元元年～公元2000年）两个部分，详列了3000多年的公历、中历和干支对照表，另附年号索引。本表注意吸收他表之长，编纂简明、易查，科学性强，为目前查考中西历日对照较为方便的历表。

《中国大事年表》，陈庆麟编，商务印书馆1935年出版。全书分上古、中古、近古、近世及现代四编。所编大事上至传说中的黄帝元年（公元前2697年），下至民国二十年（公元1932年），可提供一定的经济史实概况。

《中华人民共和国大事记（1949～1980）》，新华通讯社国内资料组编，新华出版社1982年出版。本书以新华社的报道为主，兼收其他报刊材料，记录了新中国成立以来各方面、各领域的重大事件。内容分五大部分。该书在 1985 年和 1989 年出了两本续编，分别反映 1981～1984 年和 1985～1988 年的资料。

《历代职官表》，中华书局出版。清代黄本骥原编，中华书局上海编辑所编辑。该书是一部供一般读者参考的职官表。它以黄本骥本为底本，订正了个别错误，改进了排法，增加了《历代官制概述》、《历代职官简释》，分别加前附后，书末有索引，使用较为方便。

3.6　图录类工具书

3.6.1　概述

图录，又称图谱，是以图形、图像描绘事物、人物空间概念和形象概念，并附有文字说明的工具书。

图录在中国有悠久的历史，早在上古时代就有"龙马河图"、"左图右书"等传说。近代和现代图录在编制上发展很快，不仅种类多、分类细，而且在编制上达到了很高的水平。

3.6.2　类型

图录包括地图、历史图谱和文物图录等，地图是反映描绘地球表面事物、现象的图集。历史图谱和文物图录是一种以图形揭示历史人、物、事的工具书。它们的特点是以图形记录或重现原始材料的概貌，供人们学习和研究之参考。

3.6.3 图录举要

《中华人民共和国地图集》，地图出版社 1979 年出版其 8 开精装本，1984 年出版其 16 开缩印本。该图集由专题图、省区图、城市图及文字说明组成，每图附文字说明、资料介绍和统计表。本图集是新中国成立以来公开出版的开本最大、内容丰富、资料较新、图文并茂、印制精美的综合性参考地图集。

《中华人民共和国分省地图集》，地图出版社编制，1987 年出版第 3 版。本图集共有地图 50 幅，包括总图 3 幅，省区图 28幅，地区图 4 幅，地形图 15 幅。每幅图均有文字说明。行政区划资料截止于 1983 年 6 月底。后附地名索引，选录图中地名 2万余条。这是一部供中等以上文化水平的人学习时事政治、探求地理知识时查考之用的地图集。

3.7　边缘性工具书

边缘性工具书，主要是指那些介于工具书和非工具书之间，既有一般图书的阅读功能，又有工具书的查检功用的文献，这类文献主要是各种资料汇编、各种史书、各种方志等。现主要介绍有关资料汇编的知识。

3.7.1 概述

资料汇编是一种工具资料书，它围绕某学科或某专题，将有关文献汇编在一起，既可用以阅读，又可供人查检，对学习和研究有较大的参考价值。

3.7.2 常用资料汇编举要

《世界经济信息统计汇编》，陈秀英编，中国物价出版社 1994 年出版。该书汇总了国内外世界经济信息统计的精华，突出反映 20 世纪 90 年代世界经济发展的现状、趋势及热点问题。分为综合与专题、国际组织与国别两大部分，还收入了中国台湾、香港、澳门近期的统计资料和国际常用度量衡换算表两个附录。全书共设 120 个专题，包括四个国际组织及世界 40 个国家和地区的统计资料。此外，查世界各国统计资料还可利用《世界经济手册》（中国社科院世界经济研究所编，中国社会科学出版社 1981～1989 年出版）和《亚洲发展中国家和地区经济和社会统计资料汇编》（王弼等编著，中国统计出版社 1992 年出版）等。

4　计算机信息检索系统

4.1　计算机信息检索概述

　　随着计算机技术、远程通信技术和信息存储技术的飞速发展，信息检索由手工检索过渡到了计算机检索。计算机检索的成功应用，为我们更为及时、准确、全面地继承、利用和发展人类的科研成果提供了先进的手段。在信息时代的今天，掌握计算机信息检索方法已成为每个科研工作者必备的基本技能。

　　计算机信息检索的发展是与计算机技术、数字技术、存储技术、网络通信技术的发展密切相关的。从 20 世纪 50 年代计算机开始应用于信息检索至今，大体经历了 4 个发展阶段。

　　(1) 20 世纪 50 年代末到 60 年代中：计算机检索的初始时期，当时的计算机检索系统由电子管计算机、存储介质磁带和磁鼓组成，检索的速度比较慢，只能进行简单检索。

　　(2) 20 世纪 60 年代末到 70 年代末：联机检索时期，计算机检索系统由晶体管计算机、调制解调器、通信设备和远程数据库组成。联机检索系统的出现，不仅大大加快了检索的速度，而且由于数据库增长很快，也丰富了检索内容，联机检索系统进入了实际运用的时期。著名的国际联机检索系统有美国的 DIALOG 系统、ORBIT 系统、BRS 系统以及 MEDLARS 系统，还有欧洲的

ESA/IRS 系统、英国的 BLAESE 系统等便是在这一时期产生。这些系统很快发展成为国际性情报检索系统，数据库种类及其检索存储记录都在迅速增加，如：美国的 DIALOG 系统，1984 年就有 200 多个数据库，其中包括美国的《医学索引》、荷兰的《医学文摘》、美国的《生物学文摘》、美国的《化学文摘》等，如今这些联机检索系统仍然是世界上最有影响的联机检索系统。

（3）20 世纪 80 年代起：大容量计算机存储器和 CD－ROM 技术的发展促使计算机检索成本迅速下降，计算机检索进入到国际联机检索与光盘数据库检索共同发展的新阶段。

（4）20 世纪 90 年代至今：为网络化检索阶段。进入 20 世纪 90 年代，随着网络技术的发展，不但计算机及软件技术、数字化技术、信息存储技术、卫星通信和网络通信技术有了惊人的发展，而且超文本技术、WWW 技术、网络浏览等技术为信息的存储、传播、检索提供了极大的便利。各类文献信息数据库纷纷进入通信网络，众多的局域网、城域网、广域网通过万维网互联，网络上的任何一个终端都可联机检索所有数据库的数据，使信息资源共享得以实现。目前，90% 的国际联机检索系统都已进入 Internet，世界上许多国家（包括中国）都从 Internet 上获取重要的科技和经济信息资源，在促进本国科学技术和经济的发展上取得了极大的经济效益和社会效益。Internet 作为"信息高速公路"的雏形得到了飞速的发展，网络规模不断扩大，网上信息资源无限增长，网络传输速度不断提高，已成为人们进行全球范围的合作、信息交流与资源共享的不可替代的通信交流方式。随着计算机技术的进一步智能化、数据库载体的进一步高密度化和多媒体化、通信技术的进一步网络化，计算机情报检索将走向办公室化、家庭化。

4.2 计算机信息检索的基本知识

计算机信息检索，从狭义上讲是指利用电子计算机或计算机检索网络，通过设置特定的检索指令、检索词和检索策略，从计算机数据库中查询所需信息的过程，突出了一个取的过程。从广义上则包含了计算机存、取信息两方面的内容，存指的是生成文档或数据库的过程，即根据检索对应的需求，收集有关学科或主题范围的文献，并进行加工、标引，按规定的格式输入计算机，构成可供检索的数据库。存是取的基础，取则是存的逆过程。计算机检索就是用户将检索的内容和要求，转换成一系列的提问式，并输入计算机进行查找，计算机将它与机内存储的数据进行匹配、比较和运算，符合要求则属"检索命中"，并对检索结果进行输出。

4.2.1 计算机信息检索基本流程 （见图 4 – 1）

计算机检索系统中的数据库，是计算机检索系统的主要信息源。它指按一定结构形式组织存储在磁带、磁盘、光盘等计算机直接存取介质上的相关数据的集合。数据库是可以共享的某些具有共同的存取方式和一定的组织方式的相关数据的集合。数据库中保存的是一系列相互关联的数据，如国家银行的账目数据、企业员工的人事档案、产品的销售数据等，这些数据有共同的特性，而不是杂乱无章的。其次这些数据在放入数据库时，必须有一定的数据结构和组织方式，这样才能保证数据库中大量的数据可以为多个用户反复多次使用。因此，"相关数据"、"共同的存取方式和一定的组织方式"以及数据的"共享"构成了数据库的三个基本要素。

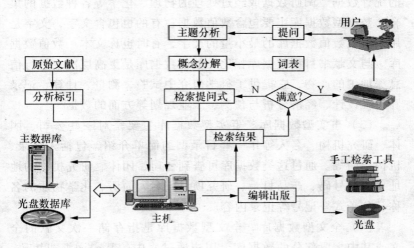

图 4 − 1

数据库的类型有很多种，可以根据不同的标准进行分类，如按存储介质分、按数据库内容分、按数据库用途分，等等。在信息资源管理中，通常是将数据库信息内容作为划分标准，分为书目型、数据型、事实型、全文型、多媒体型等类型。

（1）文献书目型数据库。文献书目型数据库是一种二次文献数据库，主要以文献或书目形式记录在磁盘、磁带或光盘上，数据库主要收录文摘、索引期刊和图书书目等，以引导用户查找一次文献。代表性的文献书目型数据库有《EI Compendex 》（美国工程索引）、《INSPEC》（科学文摘）、《CB – ISTIC》（中国科技期刊篇名数据库）等。

（2）数据型数据库。数据型数据库主要以数据形式记录物质或材料的各种特性、参数、常数、价格等，它来自于原始文献的统计数据、调研数据或经过处理的物理、化学等各种数据的集合。数据型数据库主要包含数值数据；有的也包含文字，文字是用来定义数值数据库的最小量的文字，有时也称文本—数值数据库。与文献书目型数据库相比，数值数据库是更高层次上进行信息深加工的产物，它提供了科学研究中试验、测量、计算、记录和工程设计、经济分析与预测、工业规划等方面的数据。

（3）事实型数据库。事实型数据库主要是对一些公司、团体、研究机构、名人等作一些目录型的简单介绍，包括人名录、机构指南等。通过这类数据库可查到公司、团体、研究机构的地址、电话号码、产品目录、研究项目或名人简历、化学物质的名称、分子式登记号等记录内容。

（4）全文型数据库。全文型数据库是指存储一次文献的全文或其中主要部分的数据库。用户通过文中的某一词汇或短语，便可以直接检索出原始文献的全文，目前以金融、商业或时速新闻等全文库比较多见。

（5）多媒体型数据库。多媒体数据库是近年来出现的新型数据库，它不仅可以存储文本信息，还可以同时存储图形、图像和声音，检索时可以获得图文并茂的效果。随着社会和科技的不断进步，多媒体数据库将会越来越多地出现在我们的生活中。

4.2.2 文献数据库结构

我们知道数据库中存放的是一系列彼此相关的数据，具体到计算机信息检索系统所用的数据库，其主要部分是各种主文档（或称顺排文档）和索引文档（或称倒排文档）。每个文档都是由许多个记录所组成的，每一条记录又由不同的数据项（或称字段）组成，每一个字段都有标识符，字段中所含的真实内容叫数据（或字段的属性值）。因此可以这样说，多个字段构成一个记录，多个记录构成一个文档，多个文档共同组成计算机信息检索系统完整的数据库。

（1）文档。文档是书目数据库和文献检索系统内部数据组成的基本形式，是由若干个逻辑记录构成的信息集合。从数据库的内部结构看，通常一个数据库至少包括一个顺排文档和一个倒排文档。

顺排文档是将数据库全部记录按照记录号的大小排列而成的文献集合，它构成了数据库的主体内容。由于顺排文档中主题词等特征标识的无序性，使系统空间过大，检索速度慢、实用性差。

倒排文档是把记录中一切可检索字段（或属性值）如著者姓名、主题词、叙词等抽出，按照一定顺序排列起来，即将具有同一属性的所有记录列出。倒排文档可以大大提高检索的效率。

二者的区别是：顺排文档是以文献的完整记录为顺序处理和检索文献的，而倒排文档则以文献信息的属性（记录中的字段）来处理和检索文献的。在实际运行的数据库中，倒排文档通常有若干个，用以建立多个不同属性的标识。另外根据检索习惯，首先知道的是含有检索词的记录数而不是显示具体记录，因此数据库中专门建立索引词典和记录号倒排文档。

（2）记录。记录是文档的基本单元，由若干个字段组成，它是对某一实体的全部属性进行描述的结果。在全文数据库中，一条记录相当于一篇完整的文献，在书目数据库中，一条记录相当于一条题录或文摘。

（3）字段。字段是文献记录的基本单元，是对文献具体属性的描述。在书目数据库中，记录含有题名、著者、出版年份、主题词、文摘等字段。字段又分为基本字段和辅助字段两种：

基本字段是反映了文献内容特征，又称为基本索引。

辅助字段是反映文献外部特征的字段，又称辅助索引。

4.3 计算机检索的逻辑功能

4.3.1 逻辑组合检索

逻辑算符（Logical Operator）又称布尔逻辑算符，该算符是由英国数学家乔治·布尔提出的，是利用布尔代数中的逻辑运算符来描述检索词之间的关系。逻辑算符的作用是把若干个检索词或词组连接起来，构成一个检索式的基本框架，指定文献的检索词必须出现或不出现的条件。基本逻辑算符有 3 种：逻辑"与"（AND 或 ∗ ）、逻辑"或"（OR 或 +）和逻辑"非"（NOT 或—）。

（1）逻辑"与"（AND 或 ∗ ）算符用于组配具有交叉和限定关系的概念，运算符号为"AND"或"∗"，检索式为：A AND B 或 A ∗ B。它表示运行的结果中检出同时含有 A、B 两个检索词的记录。逻辑"与"的检索能增强检索的专指性，使检索范围缩小。

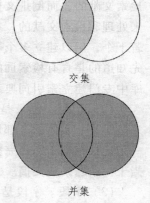

交集

并集

（2）逻辑"或"（OR 或 +）算符用于组配具有同义或并列关系的概念，用运算符号"OR"或"+"，表示两个检索项任一项出现在一条记录中。检索式为：A OR B 或 A + B。它表示运行的结果是检出所有含有 A 词或 B 词的记录，用逻辑"或"检索可扩大检索范围，此算符适于连接有同义关系或相关关系的词。

（3）逻辑"非"（NCT 或—）。用于排除某种概念的组配，用运算符号"NOT"或"—"表示，检索式为：A NOT B 或 A—B。它表示运行的结果是检出含有 A 词而不含有 B 词的记录。逻辑"非"和逻辑"与"运算的作用类

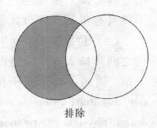

排除

似，可以缩小检索范围，增强检索的准确性。此运算适于排除那些含有某个指定检索词的记录，若使用不当可导致漏检。

4.3.2 位置算符检索

位置算符检索是指运用位置算符（Position Operator）表达检索词概念之间的位置邻近关系，又称邻接检索。这种检索技术一般只用于西文数据库检索系统中。为了表达检索词与检索词之间的位置关系，以便更好地检索出相关概念的记录。通常用于文献信息检索系统的位置算符有四个："W"、"nW"、"N"和"nN"。在检索中，当检索提问式用逻辑算符组配不足以表达检索词概念含义时，通常要用位置算符来进行检索。

（1）位置算符"W"检索，即"with"之意，表示两个检索词之间不能有其他词，且两检索词之间的位置不能颠倒。例如：检索式 CD（W）ROM，则相当于检索 CD ROM 或 CD－ROM。

（2）位置算符"nW"检索，即"n with"之意，表示两个检索词之间能插入 n 个数量的其他词，且两检索词之间的位置不能颠倒。例如：检索式"second war（2w）world"可检索出"second war in the world"的结果。

（3）位置算符"N"检索，即"near"之意，表示两个检索

词之间必须紧密相连，词间除允许有空格、标点、连字符之外，不得夹有单词或字母，但两个检索词之间的位置可以颠倒。

（4）位置算符"nN"检索，即"n near"之意，表示两个词之间可插入 n 个数量的其他词，且两个检索词之间的位置可以颠倒。例如：检索式 information 1N research 可检索出：information research；research information；information science research；research physical information 等结果。

4.3.3 截词符检索

截词符（Truncation）检索是指用截词符号加在检索词的前方、后方和中间，或指用截词符号与某些词干（根）连用，代表词的各种时态、语态变化，以检索出一组概念相关或同一词根词的记录。用截词符检索可简化检索输入，防止漏检，提高查全率。截词符检索一般用于西文数据库检索系统中，常用的截词符有"＋"、"?"和"＊"。

（1）非限制性截词：在检索词的词干后或词干前加一个"?"，可查找同词干的所有派生词。

（2）限制性截词：在检索词后截几个有限的字母，一个"?"代表一个字母，可连续使用几个"?"代替变化的字母，然后空一格再加一个"?"表示截止。

（3）中间截词（屏蔽符）：将截词符"?"放在检索词中间，置换数目相当的字符，只要截词符两侧的字符相同，即可检索出该词所在的文献。

4.3.4 字段限定检索

字段限定检索是指用字段检索符对检索词必须出现在某一特定字段范围进行限定，如出现在篇名、文摘或主题词字段里。这种限定技术常在缩小检索范围、提高查准时使用。检索系统执行提问式时，系统只对提问式中指定的字段进行匹配运算，查找出相匹配的记录。

4.4 国际联机检索

联机信息检索（Online Information Retrieval），是指用户利用终端设备，将信息需求按一定的查询语言和检索命令经过国际通信网络送到联机检索系统的主机，系统将用户的提问与数据库中存储的数据进行匹配运算，并把检索结果立即通过网络反馈给终端，实现人机实时对话，从检索系统的数据库中查找出用户所需信息的全过程。

联机检索系统 1963～1964 年间起源于美国。20 世纪 40 年代计算机的问世为国际联机检索系统的诞生创造了条件，随着计算机业的快速发展，在 20 世纪 60 年代，人们就将计算机应用于文献信息服务业。70 年代世界著名的美国《化学文摘》开始借助于计算机编辑出版。80 年代世界上出现了一批成熟的、大型的联机文摘信息检索系统，数量大约有一百多个。例如美国的 DIALOG、OCLC 和 ORBIT 等联机文献检索系统；欧共体的 ESA 联机文献信息检索系统；德、日、美联合研究、以化学化工类文献信息为主的 STN 联机检索系统，等等。20 世纪 90 年代，Internet 诞生，使当时国际上著名的一些联机文献信息检索系统加入其中，之后，所有的联机检索系统基本上都通过互联网运行来提供服务。但是国际联机检索系统并没有随着互联网的蓬勃发展而不断发展，因为通过互联网运行的网络文献信息系统在快速发展，成本低廉，国际联机检索系统无法与之相比，更为重要的是，有些文献信息不通过国际联机检索系统也能从网络数据库检索系统中查找，因而人们开始冷淡国际联机检索系统，造成国际联机检索系统使用率下降并出现恶性循环。但是科技查新工作是离不开国际联机检索系统的，比如使用价格相对低廉的 STN、OCLC 等联机检索系统，在我国还是有广阔市场的。

国际联机检索特点：

（1）检索速度快，一般课题均可以几分钟之内完成联机过程。

（2）资源丰富，四大情报检索系统具有丰富的情报源。

（3）可及时得到最新信息。一些大型数据库更新速度极为迅速，如 CA、BA 等均是每周更新，联机数据库的信息至少比书本式工具书快一至两个月。

（4）费用较高。需制定完备的检索策略。

4.4.1 联机信息检索系统的构成

一个联机检索系统通常由以下部分组成：

（1）中央主机。联机检索系统通过开发相应的联机检索软件，利用中央主机对信息进行储存、处理、检索以及进行整个系统的运行和管理。联机系统一般拥有多台主机，确保检索过程不因主机故障而间断。

（2）数据库。数据库以某一特定的方式对信息进行收集、整理、加工和存储，含有多种记录类型的数据集合，是联机检索操作的直接使用对象，一个联机检索系统一般可以提供几十个到几百个数据库为用户提供检索服务，包括数据记录、聚合与数据项之间的关系。

4.4.2　主要国际联机检索系统简介

（1）DIALOG 系统。DIALOG 系统建于 1963～1964 年间，原为美国洛克希德导弹和空间公司所属的一个情报科学实验室。1972 年，DIALOG 系统开始成为国际联机情报检索系统正式对外服务。系统中心设在美国加利福尼亚州的帕洛·阿托尔市。1981 年 6 月正式宣布为洛克希德子公司，开始独立经营，1988 年以 3.53 亿美元的价格被 Knight－Ridder 公司收购。为了弥补 DIALOG 系统数据库地域覆盖面广度不足的缺点，Knight－Ridder 公司又收购了欧洲一流的联机服务系统 DATAS－TAR。1997 年 10 月，Knight－Ridder 公司又被 MAID 以 4.2 亿美元并购，成为世界上最大、最有实力的国际联机检索服务系统，向全世界提供最全面和权威的信息资源。2000 年 DIALOG 系统出台了附加系统支持费和维护费的措施，即用户在本月内，不管是否使用 DIALOG 联机检索系统，都要另附 75 美元的系统支持费和 6 美元的系统维护费，从而造成用户使用成本增加，高居不下的检索费用使我国 DIALOG 联机检索系统用户从原有的几千家减少至不足十家，且多为一些图书情报单位，服务方式通常是由专业检索人员上机操作，检索完毕按照系统显示的费用，折合成人民币，由用户来支付。

DIALOG 系统计算检索费的方法通常由几部分组成：联机机时费＋数据库检索费（数据库不同检索费也不同）＋检索记录输出费。

DIALOG 系统现拥有 500 多个数据库，是目前世界上最大的综合性商业联机信息检索系统，其数据库范围涉及自然科学、工程技术、社会科学、商业新闻和工业分析、公司信息和金融数据、报纸新闻等几乎所有领域的信息。数据库类型主要有全文型、题录型、事实型和数据库型。文献收藏量达 15 亿篇，且每年都在不断增加。由于 DIALOG 系统检索功能非常强大，更新快，收录文献回溯时间长，所以用户利用 DIALOG 联机检索系统可完成项目查新、文献调研、论文撰写、专利申请、了解市场动态和竞争对手、新产品开发、公司的背景情况、经济预测等。

DIALOG 联机检索系统的数据库按其收录文献的专业内容划分为：新闻类、财经类、智囊类、政府与法规、技术、能源与环境、医学、药物学、化学、食品与农业、社会科学、参考工具书类等 12 个大类，每个大类下分更详细的二级、三级类目，然后才是相关的具体数据库，也称文档。以化学为例，在一级类目化学下又分 9 个二级类目。

DIALOG 联机检索系统可向用户提供的服务方式有四种：回溯检索，即用户可以查找一定时间内或特定时间以前的所有文献；定题情报检索，即检索人员针对用户的特定需求构造检索表达式，使用户能及时得到和了解自己研究课题所需要的最新文献资料；科技查新服务，也称新颖性检索，即提供开题查新、申报成果查新和专利查新等范围的检索；原文传递服务，即用户通过联机检索 DIALOG 系统得到相关的检索结果时，所看到的是二次文献，也就是原始文献的题录或文摘，用户可以据此线索在附近的图书文献单位查找所需的原始文献，也可通过 DIALOG 系统的文献订购服务，以邮寄、传真或电子邮件形式得到所订购的原始文献复印件，DIALOG 系统所有记录都能保证用户最终获取全文记录。

（2）STN 联机信息检索系统。STN（The Scientific and Technical Information Network – International）是由德国卡斯鲁尔专业信息中心、日本科学技术信息研究中心和美国化学文摘社共同联合研制的大型国际联机数据库检索系统，又称 STN 国际联机信息检索系统。STN 国际联机信息检索系统产生于 1983 年 9 月，由于它是第一个国际联合开发的系统，因此在不到 10 年的时间以惊人的发展速度和独特的风格，成为继美国 DIALOG 系统后又一功能强大的国际联机信息系统。1986 年开始对外服务，总部设在德国的卡尔斯鲁厄，通过其设在德国、美国、日本的三个中心均可检索 STN 数据库的信息。

目前 STN 数据系统已拥有几百个数据库，专业涉及化学化工、生物、医学、数理、能源、冶金、建筑等学科领域，在欧美及亚太地区均有广泛的用户。STN 系统的主要特点是：

1）合作建网、分部式管理，共同分担数据库运行费用。

2）检索系统使用的软件是由美国化学文摘社提供，其检索功能处于世界领先地位。

3）STN 系统是世界上第一个实现图形检索的系统，特别是化学物质及结构式检索等功能，且数据库门类齐全。

STN 系统的检索方法主要有基本指令检索、编制检索策略检索、基本字段检索、运用布尔逻辑算符和位置算符检索及截词符检索等。

（3）BRS 系统。BRS（BIBLIOGRAPHIC RETRIEVAL SER-VICES），原由美国书目检索服务公司建于 1976 年，1988 年 BRS 被收购，改名为 BRS Information Technologies。BRS 现有数据库 160 个，有 40 个私人数据库，文献存储量为 8000 多万篇，用户达 4000 多家，主要对象是科技图书馆以及医学界的用户。

收录文献范围涉及医学、生物科学、教育、健康、商务、政治、物理和应用、社会科学、人文学，以及其他综合性学科，尤以产品信息、工业标准和技术规范的数据库独具特色。

（4）OCLC 数据库检索系统。OCLC（Online Computer Library Center），即图书馆联机计算机中心，成立于 1967 年，总部

设在美国俄亥俄州都柏林，是世界上最大、最著名的非营利性的文献信息服务机构之一，它为世界各国图书馆和最终用户提供数据库检索、联机编目、馆际互借、虚拟参考咨询和原文传递等多项服务。1991 年 OCLC 系统又推出了第一个联机数据库检索服务系统，即 FirstSeach 检索系统。该系统拥有 70 多个书目和全文数据库，其中全文出版物接近万余种，用户可检索图书、期刊文章、会议录、工业通告、财政报告、研究发现、图书评论、组织概貌等多类型文献记录，且每条记录都提供文献信息、馆藏地点、索引、目录、全文资料及其他相关信息，学科领域涉及艺术和人文科学、商业管理和经济学、会议录、消费者事务、教育、工程技术、科学概论、通用参考、生命科学、医学和保健、新闻和实事、公共事务和法律、社会科学等 13 个方面。

1996 年 OCLC 系统正式引入我国，国内总部设在清华大学图书馆，方便广大中国用户的检索查询。教育部 CALIS 工程中心购买了 OCLC FirstSearch 检索系统中 11 个数据库的使用权供首批进入"211 工程"的高校使用，2003 年后又采用组团购买、费用均摊方式由各高校联合对 FirstSearch 检索系统进行购买。

5 中文数据库检索

5.1 CNKI清华同方系统数据库

5.1.1 数据库简介

中国知识基础设施工程（China National Knowledge Infrastructure, CNKI）是采用现代技术，以建设社会化的知识基础设施为目标的国家级大规模信息化工程，该项目自 1999 年 6 月开始实施，由清华同方光盘股份有限公司、清华大学光盘国家工程研究中心、中国学术期刊（光盘版）电子杂志社、清华同方光盘电子出版社、清华同方知识网络集团等单位共同承担，现已被列入国家级"火炬计划"项目。

目前 CNKI 已建成并通过网络发布了《中国期刊全文数据库（CJFD）》、《中国优秀博硕士学位论文全文数据库（CDMD）》、《中国重要会议论文全文数据库（CPCD）》、《中国重要报纸全文数据库（CCND）》等源数据库，以及《中国基础教育知识仓库（CFED）》、《中国医院知识仓库（CHKD）》、《中国企业知识仓库（CEKD）》、《中国城市规划知识仓库（CCPD）》、《中国科学文献讲师评价数据库（ASPT）》等系列知识全库产品，在中国大陆各地区及中国香港、中国台湾、美国等地建成十几个数据库交换服务中心，在全球设立数据库镜像站点 500 多个，光盘和网上检索服务站各 1000 多个。

（1）《中国期刊全文数据库》简称中国期刊网，是 CNKI 知识创新网中最具特色的一个文献数据库。也是目前世界上最大的连续动态更新的期刊全文数据库，它以《中国学术期刊》（光盘版）全文数据库为核心，收录了我国 1994 年以来公开发行的核心期刊和专业特色中英文期刊 6100 多种，其中 98% 的期刊收录全文，截至 2006 年年底收录 7500 种期刊，其中科技类期刊 4531 种，人文社科类期刊 2969 种，文献量 1600 多万篇。内容包括自然科学、工程技术、人文社科等各个学科领域，按学科划分为 9 个专辑、126 个专题。

9 个专辑分为：理工 A 数理科学专辑，包括自然科学总论、数学、力学、物理、晶体、生物天文、气象、地理、地质、海洋、理科大学学报（自然科学版）；理工 B 化学化工及能源材料专辑，包括化学、化工、矿业、金属学及金属热加工、石油、天然气、煤炭、轻工、环境、材料；理工 C 工业技术专辑，包括机械、仪表、计量、动力、电工、建筑、水利、交通运输、武器、航空、航天、原子能技术、综合性、工科大学学报；D 农业专辑，包括林业、畜牧兽医、渔业、水产、植保、园艺、农田水利、农机、生态科学、生物；E 医药卫生专辑，包括医学、药物、卫生、保健、生物医学；F 文史哲专辑，包括哲学、宗教、心理、文化、艺术、音乐、美术、体育、语言、文字、文学、历史、考古；G 经济政治与法律专辑，包括经济、商贸、金融、保险、政论、党建、外交、军事、公安、法律；H 教育与社会科学专辑，包括各类与各级教育、社会学、统计、人口、人才、大学学报（哲社版）；I 电子技术与信息科学专辑，包括电子、无线电、激光、半导体、通信、计算机、自动化、新闻、出版、图书、情报、广播、电视科学研究。

中国期刊网对用户搜索科研、论文资料，查询行业最新信息，借鉴先进研究成果，充实工作报告内容，制定项目规划，开展多媒体教学等提供帮助。

中国期刊网有以下特点：

1）海量数据的高度整合，集题录、文摘、全文信息于一体，可实现一站式文献信息检索；

2）参照国内外通行的知识分类体系组织知识内容，数据库具有知识分类导航功能；

3）设有包括全文检索在内的众多检索入口，用户可以通过某个检索入口进行初级检索，也可以运用布尔逻辑算符等灵活组织检索提问式进行高级检索；

4）具有引文连接功能，除了可以构建成相关的知识网络外，还可以用于个人、机构、论文、期刊等方面的计量与评价；

5）全文信息的完全数字化，通过免费下载的最先进浏览器，可实现期刊论文原始版面结构与样式不失真的显示和打印；

6）数据库内的每篇论文都获得清晰的电子出版授权；

7）多样化的产品形式，及时的数据更新，可满足不同类型、不同行业、不同规模用户个性化的信息要求。

（2）《中国优秀博硕士论文全文数据库》是目前国内相关资源最完备、收录质量最高、连续动态更新的中国博硕士学位论文全文数据库。每年收录全国 300 家博士培养单位的优秀博士、硕士学位论文约 25 万篇；分 9 个专辑：理工 A（数理化天地生）、理工 B（化学化工能源与材料）、理工 C（工业技术）、农业、医药卫生、文史哲、经济政治与法律、教育与社会科学、电子技术与信息科学，此外还按照国务院学位委员会公布的《学科专业设备》提供学科专业导航，即分成哲学、经济学、法学、教育学、文学、历史学、理学、工学、农学、医学、军事学、管理学等 12 个一级学科，并细化到三级学科。收录年限为 1999 年至今。

（3）《中国重要报纸全文数据库》收录 2000 年以来中国国内公开发行的约 1000 种重要报纸刊载的学术性、资料性文献的连续动态更新的数据库。截至 2005 年 12 月 31 日，累积报纸全文文献量达 493 万多篇，分为 10 大专辑：理工 A、理工 B、理工 C、农业、医药卫生、文史哲、政治军事与法律、教育与社会科学综合、电子技术与信息科学、经济与管理，168 个专题。

5.1.2　数据库检索

CNKI 系列数据库检索方法基本相同，本书以"中国期刊网"为例。

（1）进入中国期刊网主页：在校园网范围内，登录图书馆主页——"中国期刊网"或直接输入网址：http://dlib2. edu. cnki. net 进入。

（2）用户登录：在数据库登录区分别输入账号和密码，点击 ▶登录，进入检索界面。

（3）方法检索：该检索系统可进行单库检索，即选择某一个数据库进行检索；也可进行跨库检索，即选择两个以上数据库同时检索（见图 5－1）。两种情况都包括初级检索、高级检索、专业检索等检索方式。

另外，还可以利用检索系统提供的文献导航功能进行检索。文献导航的目的是从不同的角度和途径导出（自动检索出）数据库中的相关内容，提供浏览和下载。该检索系统提供单库导航和跨库导航。单库指各独立的数据库，提供两种导航方式：专辑导航和专库导航。

图 5－1

登录跨库检索平台：http：//e35. cnki. net/kns50/index. aspx

注意：初次使用数据车，需要下载 CAJ 全文浏览器或 Acro-bat 浏览器，CNKI 数字图书馆的文献资源为 CAJ 格式和 PDF 格式，可以选择任一格式。CAJ 全文浏览器比 Acrobat 浏览器功能更强，建议使用 CAJ 全文浏览器（在 CNKI 主页下载），安装后方可阅读全文。

1）初级检索。初级检索是一种简单检索，系统所设初级检索具有多种功能，如：简单检索、多项单词逻辑组合检索、词频控制、最近词、词扩展。多项单词逻辑组合检索：多项是指可选择多个检索项，通过点击"逻辑"下方的"［＋］"增加逻辑检索行；单词是指每个检索项中只可输入一个词；逻辑是指每一检索项之间可使用逻辑"与"、逻辑"或"、逻辑"非"进行项间组合。最简单的检索只需输入检索词，点击检索按钮，则系统将在默认的"主题"（题名、关键词、摘要）项内进行检索，任一项中与检索条件匹配者均为命中记录。

2）高级检索。高级检索是一种比初级检索要复杂一些的检索方式。但也可以进行简单检索。高级检索特有功能如下：多项双词逻辑组合检索、双词频控制。多项双词逻辑组合检索中多项是指可选择多个检索项；双词是指一个检索项中可输入两个检索词（在两个输入框中输入），每个检索项中的两个词之间可进行五种组合：并且、或者、不包含、同句、同段，每个检索项中的两个检索词可分别使用词频、最近词、扩展词；逻辑是指每一检索项之间可使用逻辑"与"、逻辑"或"、逻辑"非"进行项间组合。

3）专业检索。专业检索比高级检索功能更强大，但需要检索人员根据系统的检索语法编制检索式进行检索。适用于熟练掌握检索技术的专业检索人员。系统提供的专业检索分单库和跨库。单库专业检索执行各自的检索语法表，跨库专业检索原则上可执行所有跨库数据库的专业检索语法表，但由于各库设置不同会导致有些检索式不适用于所有选择的数据库。在各专业检索页面正下方，有关于专业检索的说明，使用时请仔细阅读。

（4）结果处理。

1）检索结果的特殊利用——知网节。在检索结果页面上点击每一文献题名，即进入知网节，可获得文献的详细内容和相关文献信息链接。

提供单篇文献的详细信息和扩展信息浏览的页面被称为"知网节"。它不仅包含了单篇文献的详细信息如题名、作者、机构、来源、时间、摘要等，还是各种扩展信息的入口汇集点。

这些扩展信息通过概念相关、事实相关等方法提示知识之间的关联关系，达到知识扩展的目的，有助于新知识的学习和发现，帮助实现知识获取、知识发现。下图中（见图 5 - 2）：点击蓝色文字（链接），可打开相关链接内容。

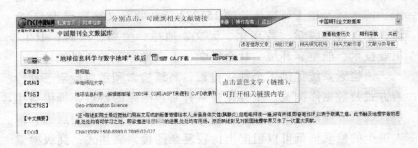

图 5 - 2

2) 全文下载及浏览。系统提供两种途径下载浏览全文：一是从检索结果页面（概览页），点击题名前的 📄 下载浏览 CAJ 格式全文；二是从知网节（细览页），点击 📄 CAJ 下载、📄 PDF 下载，可分别下载浏览 CAJ 格式、PDF 格式全文。

5.2 万方数据资源系统

5.2.1 数据库简介

万方数据资源系统是 1997 年 8 月中国科技信息研究所与万方数据集团公司联合开发的网上数据库联机检索系统，内容涉及自然科学和社会科学各个专业领域，分为学位论文全文、会议论文全文、数字化期刊、科技信息、商务信息 5 个部分。

（1）中国学位论文数据库为万方数据资源的一部分，它包括中国学位论文文摘数据库和中国学位论文全文数据库两部分，是由国家法定学位论文收藏机构中国科技信息研究所提供，并由万方数据加工建库，收录了自 1977 年以来我国各学科领域的博士、博士后及硕士研究生论文 155273 篇。收录文摘数据 38 万余篇，涵盖自然科学、数理化、天文、地球、生物、医药、卫生、工业技术、航空、环境、社会科学、人文地理等各学科领域。

该检索系统提供了个性化检索、高级检索和字典检索三种检索方式及数据库浏览。个性化检索针对数据库的特点，提供给用户直观、方便的组配检索框，用户只需通过下拉菜单的点选，输入很少的检索词就可以组配出比较复杂的检索表达式；高级检索支持布尔逻辑检索、相邻检索、截断检索、同字段检索、同句检索和位置检索等全文检索技术，具有较高的查全率和查准率；本系统还支持网络环境下的字典检索，对于数据库中的概念词都收录在字典中，方便用户选词检索。

（2）中国学术会议论文全文数据库是目前国内唯一的学术会议文献全文数据库，主要收录 1998 年以来国家级学会、协会、研究会组织召开的全国性学术会议论文 58 万余篇，数据范围覆盖自然科学、工程技术、农林、医学等领域，是了解国内学术动态必不可少的工具。中国学术会议论文全文数据库分中文版和英文版。其中中文版所收会议论文内容是中文；英文版主要收录在中国召开的国际会议的论文，论文内容多为西文。中国学术会议论文全文数据库提供了多种访问全文的途径：按会议分类浏览、会议论文检索、会议名录检索等。

（3）《数字化期刊》子系统，综合筛选中国科学技术《中国科技期刊引证报告》、《中国科技期刊论文统计》、北京大学《中文核心期刊要目总览》以及中国科学院《中国科学引文数据库》、南京大学《社会科学引文索引》所列的我国重点核心期刊作为来源刊，以核心期刊为主线，内容涵盖医药卫生、工业技术、农业科学、基础科学、社会科学、经济财政、科教文艺、哲学政法等各个学科领域，包括 100 多个类目的 5000 多种核心期刊的文献，并实现全文上网，大部分为国际通用的 PDF 格式。

（4）《科技信息》子系统，汇集科研机构、科技成果、科技名人、中外标准、政策法规等近百种数据库资源，信息总量达上千万条，每年数据更新几十万条以上。主要产品包括：中国学位论文文摘数据库，中国学术会议论文文摘数据库，中国科技成果数据库，中外标准数据库，中国科技文献数据库，中国科技论文统计分析数据库（CSTPC），中国科技论文引文分析数据库（CSTPI）。

（5）《商务信息》子系统，面向企业用户推出工商资讯、经贸信息、咨询服务、商贸活动等项内容，其主要产品《中国企业、公司及产品数据库》（CECDB）至今已收录 96 个行业、16 万家企业的详尽信息，成为中国最具权威的企业综合信息数据库。

5.2.2　数据库检索

本书以数字化期刊全文库检索为例（见图 5 - 3）。

（1）进入数据库：在校园网范围内，登录图书馆主页——万方数据资源系统，或点击网址：http://wanfang.calis.edu.cn/进入。

（2）子系统使用说明：

1）下载浏览器：进入万方数据资源系统后，点击"支持与下载"中的"下载专区",下载"期刊全文专用阅读软件"。

2)"数字化期刊全文库"的进入：

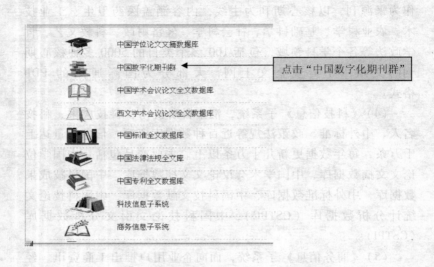

图 5 - 3

3）高级检索："高级检索"能进行快速、有效的组合查询，优点是查询结果冗余少，命中率高。对于命中率要求较高的查询，建议使用该检索系统。

步骤1：选取第一个检索词出现的检索字段（见图5-6）。

在字段的下拉框里选取要进行检索的字段，这些字段有：全部字段、论文标题、作者、作者单位、刊名、年期、关键词、摘要。

步骤2：输入第一个检索词。

在检索词文本框里输入第一个检索词。

步骤3：选取第二个检索词出现的检索字段。

在字段的下拉框里选取要进行检索的字段，这些字段有：全部字段、论文标题、作者、作者单位、刊名、年期、关键词、摘要。

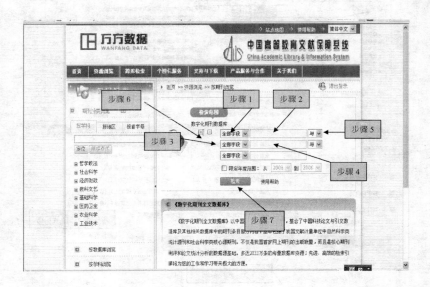

图 5-4

图 5-5

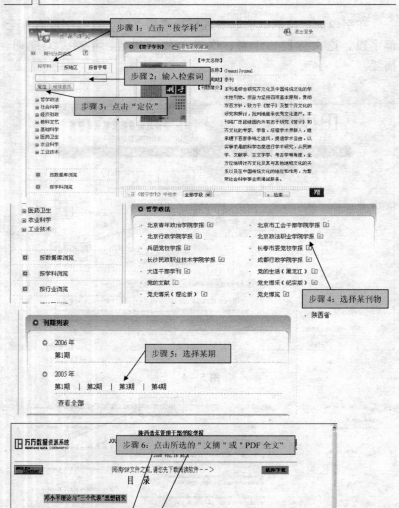

图 5－6

步骤4：输入第二个检索词。

在检索文本框里输入第二个检索词。

步骤5：选择检索词间的逻辑组配关系。

常用的逻辑组配有三个：逻辑"或"、逻辑"与"、逻辑"非"。

A 或 B 表示检索词 A 和 B 间是并列关系，结果中包含 A 内容或 B 内容，或 A、B 二者皆有都为命中，扩大了检索范围，使得查全率提高；A 与 B 表示检索词 A 和 B 间是交叉关系，检索结果既要包含 A 内容又要包含 B 内容，缩小了检索范围，使得查准率提高；A 非 B 表示检索词 A 和 B 间是排除关系，检索结果是 A 内容中排除 B 内容的那部分，缩小了检索范围，使得查准率提高，但要慎用。

步骤6：点⊞，增加检索条件框。

步骤7：进行检索。

点击"检索"按钮进行检索。

步骤8：点击所选文章的"详细摘要信息"或"查看全文"。

4）简单检索（学科检索、地区检索、按首字母检索）：

①学科检索。

②地区检索、按首字母检索（同学科检索）。

5）检索结果处理：

对于结果的全文，可在当前位置打开，也可将结果存盘、打印或通过电子邮件发送，文件格式为 PDF 格式。

5.3　维普中文科技期刊数据库

5.3.1　数据库简介

"维普中文科技期刊数据库"源于重庆维普资讯有限责任公

司 1989 年创建的《中文科技期刊篇名数据库》，其全文和题录文摘版一一对应，经过十多年的推广使用和完善，2000 年重庆维普资讯有限责任公司正式推出了"维普中文科技期刊数据库"大型全文文献数据库，全面解决了文摘版收录量巨大但索取原文烦琐的问题。内容以科技类为主，也有部分社科门类，包括自然科学、工程技术、农业科学、医药卫生、经济管理、教育科学和图书情报七大类。收录范围为 1989 年至今，收录期刊 12000 余种，其中核心刊 1810 种，文献总量达 1700 余万篇。

分类体系：按照《中国图书馆分类法》进行分类，所有文献被分为 8 个专辑：社会科学、自然科学、工程技术、农业科学、医药卫生、经济管理、教育科学和图书情报。8 大专辑又细分为 36 个专题：马克思主义、列宁主义、毛泽东思想、邓小平理论，哲学、宗教，社会科学总论，政治、法律、军事，语言、文字，文学，艺术，历史、地理，数理科学，化学，天文和地球科学，生物科学，金属学和金属工艺，机械和仪表工业，经济管理，一般工业技术，矿业工程，石油和天然气工业，冶金工业，能源与动力工程，原子能技术，教育科学，电器和电工技术，电子学和电信技术，自动化和计算机，化学化工，轻工业和手工业，图书情报，航空航天，环境和安全科学，建筑科学和工程，水利工程，交通运输，农业科学，医药卫生。

5.3.2 数据库检索

（1）进入数据库：在校园网范围内，登录图书馆主页——中文科技期刊数据库或点击网址 http：//vip. calis. edu. cn/index. asp。

（2）下载全文阅读器：使用前，请先下载全文阅读器。包括两种浏览器：VIP 浏览器和 PDF 浏览器。

（3）检索数据库：数据库提供快速检索、传统检索、高级检索、分类检索和期刊导航检索等检索方式。

1）快速检索：

进入数据库后，默认的检索界面即为快速检索界面。用户直接在文本框中输入需要检索的词并根据自己的实现需求选择检索入口，进行范围、年限、显示方式的选定，单击"搜索"即可进入结果页面，显示检索到的文章列表。

用户还可以在结果页面上方选择"重新检索"、"在结果中检索"、"在结果中添加"、"在结果中去除"等二次检索项，二次检索是在一次检索的检索结果中运用"与、或、非"进行再输入词以限制检索，其目的是缩小检索范围，最终得到期望的检索结果。

2）传统检索：

步骤1：进入"传统检索"（见图5-7）。

步骤2：限定检索范围。数据库为用户提供了学科类别限定、期刊范围限定和数据年限等检索限定选择。学科类别限定——

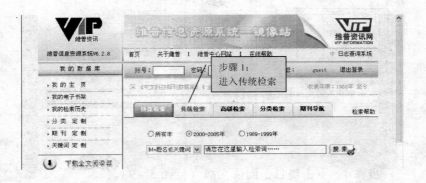

图 5 - 7

提供了按照《中国图书馆分类法》的学科类导航系统，每个学科分类都可以按树形结构展开，检索者可利用导航选择自己所要查询的学科类目以缩小检索范围，提高查准率和查询速度。期刊范围限定——数据库提供了包括全部期刊、核心期刊和重要期刊等三种期刊限定选择途径，检索者可以根据需求来设定适合的范围以获得更为准确的检索结果。数据年限限定——数据库提供了数据收录年限从 1989 年至今，检索时可以进行年限的选择。

步骤 3：选择检索入口（见图 5-8）。数据库为用户提供十种检索入口：关键词、作者、第一作者、刊名、任意字段、机构、题名、文摘、分类号、题名或关键词，用户可根据自己的需要选择检索入口，输入检索式进行检索。

图 5-8

步骤 4：点击篇目，阅读文摘（见图 5-9）。

步骤 5：阅读全文。

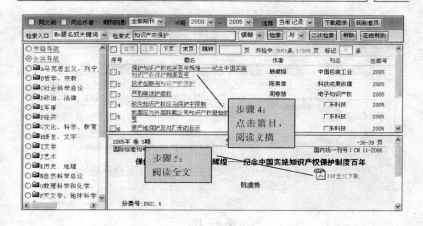

图 5 - 9

3）高级检索：

步骤 1：进入高级检索。

步骤 2：选择检索项，输入检索词（见图 5 - 10）。

数据库为用户提供多个分栏式检索词输入框，除可选择逻辑运算、检索式、匹配度外，还可以进行相应字段的扩展信息限定。检索操作严格按照从上向下的顺序进行，用户可根据需求进行检索字段选择。

步骤 3：阅读全文。

4）分类检索：

分类检索相当于提前对搜索结果进行限定，用户在检索前可先对自己所需文献的性质进行限定，例如若用户想要查找经济类文献可选择经济分类，其检索时数据库只在经济类文献中进行筛选。用户在选定分类并输入关键词检索后，页面会自动跳转到搜索结果页面，后面的检索操作同快速搜索页，用户可点击查看。

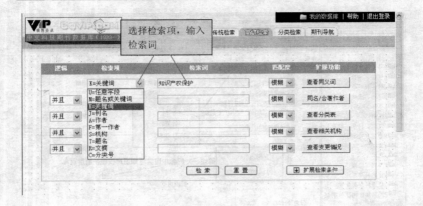

图 5 – 10

5）期刊导航：

点击"期刊导航"即可进入整刊检索页面，整刊检索页面以三种搜索方式来查找所需期刊：期刊搜索——用户如果知道准确的刊名或 ISSN 号则可在输入框中直接输入刊名或 ISSN 号，点击检索便可进入刊名列表页，点击刊名即可进入期刊内容页；按字母顺序检索——用户点击所需刊物的拼音首字母即可打开数据库中所有该字母下的期刊列表；按学科检索——用户可根据学科分类查找所需期刊。

（4）检索技术：维普中文科技期刊数据库除提供布尔逻辑检索外，还提供了同义词检索和同名作者检索方式。

1）同义词检索选中"同义词"选项，系统会提示同义的关键词，以扩大检索的范围。例如：检索式中输入"电脑"，选中"同义词"，检索后会提示是否也检索它的同义词"电子计算机"和"微电脑"等关键词。

2）同名作者检索选中"同名作者"选项，输入作者姓名，系统会在简要结果区显示机构的同姓名作者的索引，用户挑选后再检索，这样可将检索结果的范围缩小到具体单位的作者。

（5）检索结果：

1）显示。检索结果显示有两种格式，即简单记录格式和详细记录格式。检索完成后，首先显示的是简单记录，点击简单记录的题名，即在下方显示出该记录的详细格式。简单记录格式包括记录序号、全文下载图标、标题、作者、出处。详细记录格式包括题名、作者、机构、刊名、ISSN 号、关键词、分类号、相关文献和文摘。详细记录格式下方会出现全文链接，可直接获取全文。

2）标记。在简单记录格式下每条记录的序号前都有一个复选项，对需要输出的记录可点击复选框，"√"号出现即为完成标记。

3）输出。在检索结果上方选择"下载"或"打印"图标，系统出现"下载管理"界面，用户按照"下载内容选择"中的提示选择要输出的记录内容格式，点击"下载"图标，系统按用户的选择将记录以文本格式显示出来进行打印或保存。

6 外文数据库检索

6.1 EI village

6.1.1 数据库简介

美国工程索引（EI）创建于 1884 年，是一个主要收录工程技术期刊文献和会议文献的大型检索系统。EI Compendex Web 是《工程索引》的网络版，它通过 EI village（工程信息村）基于因特网提供信息检索服务。EI village 是美国工程信息公司 1995 年推出的一个网络信息集成服务站点。它将世界上所有工程方面的信息资源集成在一起，形成信息集成系统，向用户提供一步到位的服务。EI village 2 是 EI 公司继 EI village 1 后推出的网上信息的最新产品。它提供多种工程方面的数据库，其中的主要数据库就是 EI Compendex Web。主要产品有：①EI Compendex 数据库，该数据库以书本和光盘的形式出版发行，其文字出版物就是人们常说的《工程索引》；②EI PageOne 数据库，以光盘形式发行；③由两个数据库合并而成的 EI Compendex Web，供网上检索。一直以来，EI 被誉为世界三大检索工具之一。

EI Compendex Web 是目前全球最全面的工程检索二次文献数据库，数据库每年增加选自超过 175 个学科和工程技术的大约

250000 条新记录，分别来自 5100 种工程期刊、会议文集和技术报告。收录的文献涵盖了所有的工程领域，其中大约 22% 为会议文献，90% 的文献语种是英文，数据每周更新，以确保用户可以跟踪其所在领域的最新进展。EI 从 1992 年开始收录中国期刊。1998 年在清华大学图书馆建立了 EI 中国镜像站点，目前可以检索从 1969 年至今的文献。

6.1.2 数据库检索

（1）进入 EI Compendex Web 数据库检索平台。在校园网范围内，登录图书馆主页——"EI Village"进入或点击网址 http：//www.engineeringvillag2.org.cn/ 进入。

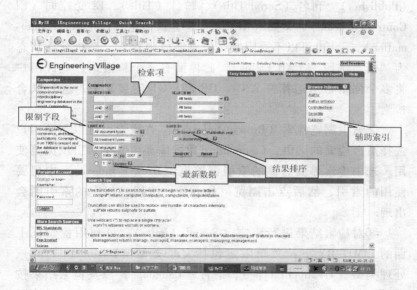

图 6 - 1

（2）数据检索。EI Compendex Web 提供快速检索（Quick Search）和高级检索（Expert Search）。系统默认快速检索，其界面允许用户从一个下拉式菜单中选择要检索的各个项。高级检索（Expert Search）提供更强大而灵活的功能，与快速检索相比，用户可使用更复杂的命令检索表达式，包含更多的检索选项。

（3）检索过程（Search Session）。

①直接输入检索词。将要检索的词或短语输入一个或几个"SEARCH FOR"文本框中，并使用文本框右边的 SEARCH IN 中特定的字段进行限制检索。然后，点击"Search"按钮行检索。

主要限制字段有：主题词/题目/文摘（Subject/Title/Abstract）、作者（Author）、作者单位（Author Affiliation）、出版商（Publisher）、刊名（Serial Title）、题目（Title）、EI 受控词（EI Controlled Team）、文摘（Abstract）、会议信息（Conference Information）等。也可以不受限制在所有字段中检索，系统默认状态为"所有字段"（All Fields）。此界面有三个检索框，允许用户将多个词用布尔运算符 AND、OR 和 NOT 连接起来，进行联合检索。

②索引浏览检索（Browse Indexes）。查找索引可以帮助用户选择适合检索的词语，Compendex 数据库提供 5 个索引供浏览使用。选中检索界面右侧的索引浏览框（Browse Indexes）中想要使用的索引，然后点击浏览（Browse）按钮，相应的索引则会出现。

③对检索结果进行限定（Search Limits）。可利用检索框下面的 LIMIT BY 下拉菜单限定包括文献类型（Document Type）、处理类型（Treatment Type）、语言（Language）以及检索结果按文献出版年度（Publication Year）和相关度（Relevance）排序限定，这些有效的检索技巧，可以得到更为精确的检索结果。

④自动取词根（Autostemming）。系统自动开启此功能，可检索以检索词的词根为基础的所有派生词，点击关闭自动取词根（Autostemming Off），可禁用此功能。

此外，如果检索的短语中包含连接词 and、or、not、near ，则须将此短语放入括号或引号中，例如： ｛block and tackle｝。Engineering Village 2 的界面不区分大小写，所输入的单词可以是大写，也可以是小写。

（4）EI 常用字段对照

文献类型：

全部（默认选项）	All document types
期刊论文	Journal Article
会议论文	Conference Article
会议论文集	Conference Proceeding
专题论文	Monograph Chapter
专题综述	Monograph Review
专题报告	Report Chapter
综述报告	Report Review
学位论文	Dissertation
未出版文献	Unpublished Paper

处理类型：

全部	All treatment Types
应用	Application
传记	Biographical
经济	Economic
试验	Experimental
一般性综述	General Review
历史	Historical

文献综述	Literature Review
管理	Management Aspects
数值	Numerical
理论	Theoretical

（5）EI 常用缩写：

Academy	Acad	International	Int
Association	Assoc	Laboratory	Lab
Bureau	Bur	Limited	Lid
Center/re	Cent	National	Natl
College	Coll	Published	Pub
Company	Co	Publisher	Pub
Corporation	Corp	School	Sch
Department	Dep	Society	Soc
Division	Div	Technology	Technol
Incorporated	Inc	University	Univ
Institute	Inst	Institution	Inst

（6）检索规则：

1）输入规则：检索词书写大小写均可，输入框按顺序键入。

2）逻辑算符：逻辑算符用 AND、OR、NOT 表示。

3）词干检索：在快速检索中，系统自动执行词干检索（除作者字段）。如：输入 management 后，系统会将 Managing、Manager、Manage、Managers 等检出。取消该功能，需点击 "Autostemming Off"。

4）截词符：用星号（＊）表示，放置在词尾，如：comput＊可以将 computer、computerized、computation、computational、computability 等作为检索词。

5）精确检索：做精确检索时，词组或短语需用引号或括号标引。

6）特殊字符：除了 a－z，A－Z，0－9，?，*，#，（ ）或 ｛ ｝ 等符号外，其他符号均视为特殊符号，检索时将被忽略。除非用引号或括号将其括起。如：｛n＜7｝。

7）禁用词：如果用短语检索时，允许句中使用禁用词 and 、or、not、near。但该语句必须用引号或括号括起。如：｛block and tackle｝（滑轮）或："block and tackle"。

（7）显示检索结果、存盘打印输出。对检索结果，可点击 "Abstract/Links" 或 "Detailed Record/Links" 按钮查看文摘或详细记录并能够保存、编辑、打印输出。

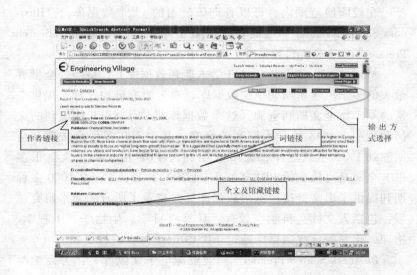

图 6－2

6.2 EBSCO

6.2.1 数据库简介

EBSCO 公司是世界上最大的提供期刊、文献订购及出版服务的专业公司之一，从 1986 年开始出版电子出版物，共收集了 1 万余种索引、文摘型期刊（其中 6000 余种有全文内容），收录范围涵盖自然科学、社会科学、人文和艺术、教育学、医学等各类学科领域。

在校园网范围内，可以查询该公司的 11 个数据库，"Business Source Premier"（商业资源数据库）和"Academic Search Premier"（学术期刊数据库）是其中最为重要的两个。

Academic Search Premier（学术期刊数据库）：是当今全世界最大的多学科学术期刊全文数据库，专为研究机构设计，提供丰富的学术类全文期刊资源。这个数据库提供了 8211 种期刊的文摘和索引，4648 种学术期刊的全文，其中 100 多种全文期刊可回溯到 1975 年或更早；大多数期刊有 PDF 格式的全文。很多 PDF 全文是可检索的 PDF（Native PDF）和彩色 PDF。1000 多种期刊提供了引文链接。这个数据库几乎覆盖了所有的学术研究领域，包括人文社会科学、教育、计算机科学、生物学、工程学、物理、化学等。此数据库通过 EBSCOhost 每日进行更新。

Business Source Premier（商业资源电子文献库）：为商学院和与商业有关的图书馆设计，是行业中使用最多的商业研究型数据库；所收录的各类全文出版物达 8800 多种；学科领域包括：管理、市场、经济、金融、商业、会计、国际贸易等；全文回溯至 1965 年或期刊创刊年；可检索的参考文献回溯至 1998 年。以所收录的期刊排名统计，Business Source Premier 数据库在各个学科领域中都优于其他同类型数据库；如：市场、经营管理、MIS（管理信息系统）、POM（生产与运营管理）、会计学、财政学、经济学等。这个数据库还提供了许多非刊全文文献，如：市场研究报告、产业报告、国家报告、企业概况、SWOT 分析等。数据库每日更新。（注：要查看全文需安装 Adobe Acrobat Reader）

6.2.2　数据库检索

6.2.2.1　进入数据库

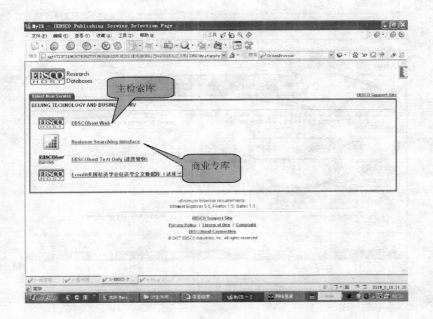

图 6 – 3

在校园网范围内，登录图书馆主页，选择"EBSCO"图标进入。数据库提供三种检索方式："EBSCOhost web"（全库检索）、"Business Searching Interface"（商业专题检索）和"EB-SCOhost Text only"（全库快速检索）。

6.2.2.2 选择数据库

选择单一数据库：直接点击该数据库的链接即可。

选择多个数据库：在数据库前打钩，然后点击"继续"按钮即可。

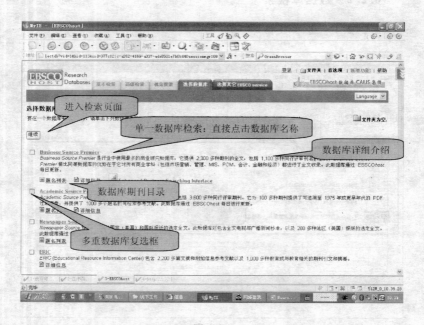

图 6－4

在选择数据库时，界面提供两种辅助功能，即：数据库详细介绍和期刊检索。

数据库期刊目录：包含期刊刊名目录，还提供"期刊检索"功能。读者可按期刊刊名、年份、卷、期检索查询，直接检索到所需的文章。其使用步骤如图 6－5 所示：

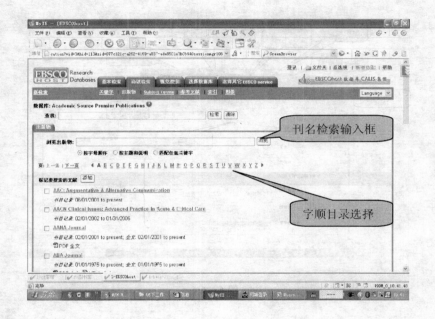

图 6－5

6.2.2.3　检索方法

EBSCOhost 提供两大类检索方法：基本检索（Basic Search）和高级检索（Advance Search）。其中又分别提供"关键词"（Keyword）、"主题"（Subject Term）、"出版物"（Publications）、"索引"（Indexes）、"参考文献"（References）等多种检索途

径。两大类检索方式除关键词检索功能不同外，其他检索功能均相同。

（1）基本检索。

1）基本检索界面：

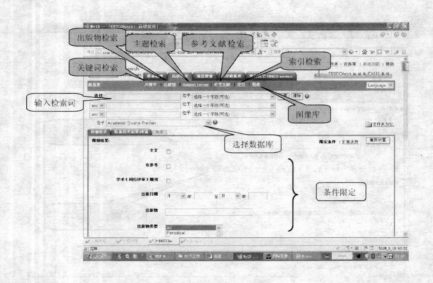

图 6 - 6

2）扩展选项：

搜索相关关键词选项（Also search for related words）：勾选该项，会将检索词的同义词或单复数的文献一并检索。如：键入"car"，EBSCOhost 会检索到 car 和 automobile；或键入"policy"，EBSCOhost 会检索到 policy 和 policies。

在文章全文范围内搜索选项（Also search within the fulltext of the articles）：若检索词较冷僻，可勾选该项，EBSCOhost 会检索

每篇全文文章，只要该篇文章的全文中有所键入的检索词，就会被纳入检索结果清单。

自动"and"检索词语（Include all search terms by default）：勾选该项，检索系统会在每个检索词之间自动加入"and"逻辑运算符。

（2）高级检索。

1）高级检索界面：

可选择多个字段输入不同检索词进行组配检索。其检索步骤示例如下：

步骤1：在"查找"字段中输入欲检索的关键词；

步骤2：从"位于"右边的下拉式列表中选择检索字段：如：TX All Text – 全文等；

步骤3：选择下方逻辑运算符；

步骤4：在下一个"查找"字段内键入另一个关键词；

步骤5：再一次从"位于"右边的下拉式列表中选择检索范围，如：SU – 主题等；

步骤6：在"选择"左边下拉式列表中选择数据库；

步骤7：按下"检索"按钮开始检索。

2）限制检索项：

同基本检索相比，高级检索除具备了初级检索的所有功能外，还增加了"Cover Story"，表示仅检索具有深度报道的封面故事文章。

可选择将检索范围限定于：有全文的文献，有参考的文献，学术性期刊，出版物种类，文献类型，封面报道，出版日期等。

3）扩展选项：

同基本检索。

注：基本检索和高级检索的结果均可按不同主题进行二次检

索，以提高检准率。

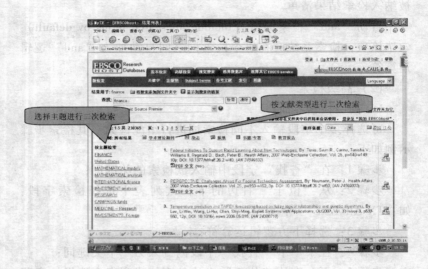

图 6 – 7

（3）其他检索途径。

1）关键词检索：直接输入检索词并选择检索入口，同时可以对检索结果做限定或是扩展。

2）出版物检索：在检索方式菜单中选择"出版物"进入检索界面，利用数据库提供的出版物名称进行检索，检索时首先对出版物名称进行检索，然后选定某个特定出版物检索出在该出版物上发表的论文，对带有全文的论文可直接查看全文。通过这种检索还可检索到该数据库所收的期刊名称、刊号、出版周期、出版者、刊物报道范围等。

3）主题（Subject Terms）检索：利用规范化主题词检索，检索效率高、相关性大。当检索者不能够确切选择检索词时，就可利用主题检索。主题词不可任意自定而要用数据库所规定的规范化主题词，因此首先要查找数据库的相关主题词。输入主题，然后浏览相关检索词，进而选择检索主题词。

4）索引（Indexes）检索：提供作者、公司名称、期刊名称、关键词等多个索引，供用户检索利用。

5）引用参考文献（Cited References）检索：EBSCO 的部分数据库提供引用参考文献检索功能。可通过"被引著者"（Cited Author）、"被引题目"（Cited Title）、"被引期刊"（Cited Source）、"被引年代"（Cited Year）等途径检索论文的被引用情况。检索步骤如下所示：

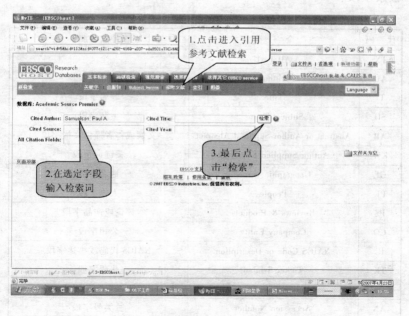

图 6 - 8

步骤 1：点击"Cited References"进入索引检索。

步骤 2：在 Author、Title、Source、Year 或是 All 各检索栏内输入关键词，如：在"Author"检索栏中输入 Samuelson 或 Paul A.，然后点击"检索"按钮。

6）图像（Images Collection）检索：用户输入关键词，检索某类图片。可供检索的图片类型包括：Photos of People（人物图片）、Natural Science Photos（自然科学图片）、Photos of Places（某一地点的图片）、Historical Photos（历史图片）、Maps（地图）或 Flags（国旗）等。

6.2.2.4　EBSCO 常用字段对照

检索字段：

代　码	全　　称	中文对照
TX	All Text	全文
AU	Author	作者字段
TI	Title	题名字段
SU	Subject Terms	主题字段
AB	Abstract or Author-Supplied Abstract	文摘或作者提供文摘字段
KW	Author-Supplied Keywords	关键词字段
GE	Geographic Terms	地名字段
PE	People	人物字段
PS	Reviews & Products	评论或产品字段
CO	Company Entity	公司字段
IC	NAICS Code or Description	NAICS 代码或描述字段
TK	Ticker Symbol	代码字段
Source	Publication Name	出版物名称字段
AN	Accession Number	分类号字段

出版物类型：

Periodical	期刊
Book	图书
Newspaper	报纸
Primary Source Document	一次文献
Industry Report	行业报告

文献类型：

Article	文章
Biography	传记
Bibliography	参考书目
Book Entry	书目
Case Study	个案研究
Directory	目录
Book Review	书评
Editorial	社论
Company Report	公司报告
Erratum	错字勘误表
Industry Overview	工业观察
Proceeding	会议录
Product Review	产品评论
Report	报告
Speech	演讲
Working Paper	工作报告
Interview	会谈
Letter	书信
Obituary	讣告

6.2.2.5 检索结果处理

（1）显示文献。检索命中的文献首先以题录方式显示，直接点击某一篇文献后，可以看到文摘或全文链接，以 HTML 或 PDF 两种格式显示。点击 图标，用鼠标选定某些 PDF 格式的全文，单击鼠标右键，复制，然后可以以 word 格式粘贴到文档中。若数据库未提供全文，用户可通过点击"国内馆藏及全文链接"查看国内哪个图书馆收藏该文献。

（2）"我的 EBSCOhost"——文件夹功能。"我的 EBSCO-host"文件夹是 EBSCO 数据库为读者免费提供的一个私人的存储空间，用于储存在 EBSCO 数据库中查阅的文献以备再次使用，再次使用时不需要重新进行检索。只要在有权限可以访问 EB-SCO 数据库的地方均可以使用"我的 EBSCOhost"文件夹。（注：需先注册用户，登录后方可使用此功能）

6.3　OCLC—FirstSearch

6.3.1　数据库简介

OCLC（Online Computer Library Center）是世界上最大的文献信息服务提供机构之一。FirstSearch 是其提供的基于 WEB 的联机信息检索系统，内容覆盖了社会生活的各个领域和学科。CALIS 全国工程中心以年订购的方式购买了 OCLC 基础组 12 个数据库，提供给"211 工程"的 105 所院校，共同使用 17 个"并发用户"免费检索数据库。

（1）ArticleFirst。该库包括 16000 多种学术期刊的文章索引。大多数期刊是英文资料，也有部分其他语言的期刊。主题覆盖了商业、人文学、医学、科学、技术、社会学和大众文化。内有 1990 年到现在的资料，每日更新。它的每个记录描述了期刊的一篇文章、一则新闻报道、一封信或其他类型的资料。大多数记录提供了收藏有这种期刊的图书馆的列表。目前该库有 1940 多万条记录。期刊索引表请点击：http：//www.oclc.org/first-search/periodicals/index_do.asp。

（2）ClasePeriodica——拉丁美洲期刊索引。ClasePeriodica 提供 1978 年以来有关科学和人文领域的拉丁美洲期刊索引。由 Clase 和 Periodica 两部分组成，其中 Clase 提供社会科学和人文学科方面的文献索引；Periodica 收录科技方面的期刊。数据库提供对以西班牙文、葡萄牙文、法文和英文出版的 2600 种（Clase：1200 种；Periodica：1400 种）学术期刊中的文献检索。数据库每 3 个月更新一次。

收录的主题包括：农业科学、历史、人类学、法律、艺术、图书馆与信息科学、生物学、语言学与文学、化学、管理与会计、通信科学、医药、人口统计学、哲学、经济学、物理学、教育、政治学、工程、心理学、精密科学、宗教、外交事务、社会学、地球科学等。

（3）Ebooks 数据库。Ebooks 收录了参加 WorldCat 联合编目的 OCLC 成员馆收藏的所有联机电子书，共计 23 万多种，其中也包括 OCLC 的 netLibrary 电子书。用户可以检索所有这些电子书的书目，并可链接到已订购且包含在 WorldCat 数据库中的电子书进行阅读。

（4）ECO——联机电子出版物（书目信息）。Electronic Collections Online（ECO）是一个全部带有联机电子全文的学术期刊数据库。收录主题范畴广泛，目前包括来自 70 多家出版社的 5 400 多种期刊，总计 210 多万篇电子文章。

用户在该库中能查看到所有电子期刊的书目信息和文摘，以及自己所订购的期刊的全文文章。如用户没有按期刊订购 ECO 库中的全文，也可使用 OCLC 提供的"按文章购买"服务，随时按篇联机获得 1691 种期刊的全文文章，并可在获取全文的下月付费给 OCLC。该数据库每天更新。期刊列表请点击：http：//www. oclc. org/firstsearch/periodicals/index_db. asp。

（5）ERIC。ERIC 是由教育资源信息中心生产的教育领域出版物的一个指南，囊括了数千个教育专题，覆盖了从 1966 年到现在的资料，ERIC 包括约 1016 种期刊，110 多万条记录，同时还包括一个 ERIC 叙词表。主要包括：成人、职业与职业教育、信息与技术、评估、语言学与语音学、残疾与天才教育、阅读和交流、小儿与幼儿教育、师资教育、教育管理、城市教育、高等教育及许多其他的主题。数据库每月更新。

（6）GPO——美国政府出版物。GPO Monthly Catalog（GPO）是美国政府出版署（the U. S. Government Printing Office）创建，收录了与美国政府相关的各方面的文件，包括：国会报告、国会意见听证会、国会辩论、国会档案、法院资料，以及由美国具体实施部门如国防部、内政部、劳动部、总统办公室等出版发行的文件。GPO 覆盖了从 1976 年以来的资料。每个记录包含书目引文。目前数据库有 50 多万条记录，每月更新。

（7）MEDLINE——医学期刊的文章摘要。MEDLINE 数据库由 the National Library of Medicine 创建。对应 Index Medicus、Index to Dental Literature 和 International Nursing Index 的印刷版索引。收录了从 1965 年到现在国际上出版的 9580 多种期刊与其他资料，记录中有文摘。目前有 1500 多万条记录，每天更新。

该库涉及的主题主要包括：临床医学、营养学、牙科学、病理学、教育、精神病学、实验医学、毒物学、保健服务管理、兽医学、护理。

（8）PapersFirst——在会议上提交的文章索引。PapersFirst 数据库收录了世界范围的会议、联合会、博览会、专题会、专业会、学术报告会上发表的论文的书目引文。涉及各种类型的国际学术会议上所讨论的、比较广泛的主题范围。覆盖了自 1993 年以来"英国图书馆文献提供中心"（The British Library Document Supply Center，BLDSC）收到的已出版的论文。目前有 540 多万条记录，每半月更新一次。

（9）Proceedings——国际学术会议录索引。Proceedings 数据库是 PapersFirst 的相关库，包括 1993 年以来世界范围内的会议目录的引文。每条记录包含在一次会议上提交的论文列表，从而提供了各次活动的一个概貌。该库包括由大英图书馆文献提供中心（The British Library Document Supply Center）收集的已出版的论文。每半月修改 1 次。

（10）WilsonSelectPlus——H. W. Wilson 公司的全文库。WilsonSelectPlus（H. W. Wilson' Full Text Plus）涉及的主题包含由 H. W. Wilson 的普通科学文摘、人文学科文摘、读者指南文摘和 Wilson 商业文摘数据库囊括的所有学科，主要包括：会计学、人力资源、广告学、保险业、审计、国际贸易、银行学、国际趋势、广播学、投资分析、计算机、管理、经济学、销售学、工程、规划和战略、环境、公共管理、金融、房地产、对外投资、税收、普通科学、远程通信、保健、运输。

数据库收录 1994 年以来约 1650 多种发表于美国与国际上的专业刊物、学术期刊和商业杂志上的学术文章。每周更新一次。目前库中有 100 多万条记录。浏览该库包含的期刊可点击：http://www. oclc. org/firstsearch/periodicals/index_db. asp。

（11）WorldAlmanac——世界年鉴。WorldAlmanac 主要包括

人物传记、百科全书目录、事实和统计数据。适用于学生、图书馆读者、图书馆参考咨询人员和学者等。涉及的主题包括：美国的生活、新闻人物、艺术和娱乐、美国各州概貌、计算机、科学和技术、经济、体育、环境、税收、历史上周年纪念、美国的城市和州、国防、人口统计、世界各国等。目前收录有 1998 年至今的 32000 多条记录，该库每年更新。

（12）WorldCat——世界范围图书馆的图书和其他资料。WorldCat 是 OCLC 的一个联机的联合目录数据库，来自 OCLC 的成员馆编目的所有记录。包括 400 多种语言的 6100 多万条记录，覆盖了从公元 1000 年到现在的资料，基本反映了世界范围内的图书馆所拥有的资料。

WorldCat 数据库包含了数千个主题范畴的资料并以每年 200 万条记录的速度增长。包括以下类型的资料：图书、手稿、计算机数据文件、地图、计算机程序、乐谱、影片和胶片、报纸、期刊、录音资料、杂志、视频资料。该库日更新。

6.3.2 数据库检索

6.3.2.1 进入数据库
在校园网范围内，登录图书馆主页——选择 "OCLC First-Search 数据库" 图标进入或通过 http：//firstsearch. oclc. org/FSIP 直接进入数据库主页。

6.3.2.2 选择数据库
进入 FirstSearch 首页后，可通过 "所有的数据库、列出按主题分类的数据库、推荐最佳数据库" 三种途径选择一个或多个（最多 3 个）检索的数据库，也可在初始屏幕选择一个数据库。

6.3.2.3 基本检索
基本检索是检索所需信息的一种快捷方式，选择数据库后直

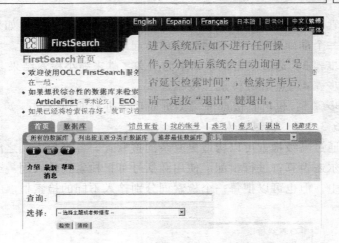

图 6 – 9

图 6 – 10

接进行检索，无须组配。

步骤 1：进入数据库后，点击"基本检索"。

步骤 2：选择、输入检索词。直接在检索框中输入检索词，该检索词可以是关键词、作者、题名、资料来源和年限。如果要检索一个准确短语，用引号将短语括起来，表示精确词组。

步骤3：通过限定检索结果为全文文献来缩小检索结果。

步骤4：点击"检索"按钮。

步骤5：也可直接点击"浏览期刊"进行期刊查询。

6.3.2.4　高级检索

通过高级检索可以构造更复杂的检索式。各个检索词之间使用布尔逻辑算符进行组配。使用圆括号可把检索式输入同一个检索框中，但也可以把每一个检索词分别输入不同的检索框。

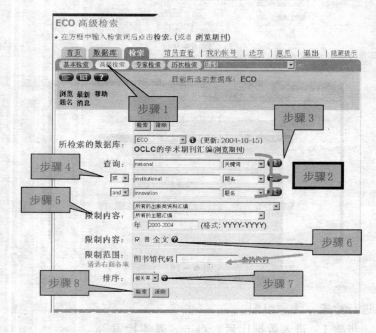

图 6-11

步骤1：进入数据库后，点击"高级检索"。

步骤2：输入一个或多个检索词至检索框，并选择检索字段，如关键词、摘要、作者、题名、资料来源、出版日期、识别符等。如果需要的话还可以在第二个或第三个检索框中输入检索词。可用""表示精确词组。

步骤3：在检索框的右侧有索引词表。点击"浏览索引"即可对所需要的检索词进行选择。可对照所输入的检索词是否是该库中的用词。

步骤4：确定各个检索词之间的逻辑关系，如 and、or、not。

步骤5：可以通过限定主题或文献年限来对结果进行限定。表示"年"的格式为 yyyy，如果要表示起讫年限的话用 yyyy - yyyy 的格式，如：2000—2004。

步骤6：通过限定检索结果为全文文献或某图书馆代码来缩小检索结果。

步骤7：通过排序列表选择检索结果的排序方式，可按相关度、日期排序。

步骤8：点击"检索"按钮。

6.3.2.5 专家检索

专家检索是为有经验的检索员设计的，逻辑检索式由标志符、检索词、结合符和布尔算符组成。运用专家检索可以更好地表达检索课题中检索词之间的关系。

步骤1：进入数据库后，点击"专家检索"。

步骤2：在查询框内键入检索串。如果你要检索一个准确短语，把短语放在引号内。

步骤3：从索引下拉菜单中选择一个索引用于任何没有标志符的检索项。

步骤4：如果要检验检索词的拼写和格式正确与否，点击索

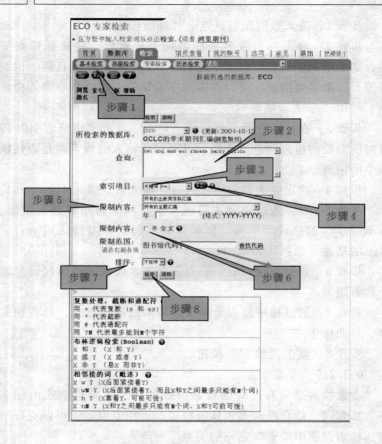

图 6 – 12

引框右方的图标。通过索引词表还可以判断检索词的准确。

步骤 5：通过限定年限、主题来缩小检索结果。通过限制年限来精简检索结果。

步骤 6：通过限定检索结果为全文文献以及图书馆代码来缩

小检索结果。

步骤7：通过排序列表选择检索结果的排序方式，可按相关度、日期排序。

步骤8：点击"检索"按钮。

6.3.2.6 历次检索

历次检索界面显示本次登录后完成的所有检索式和每次的检索结果。

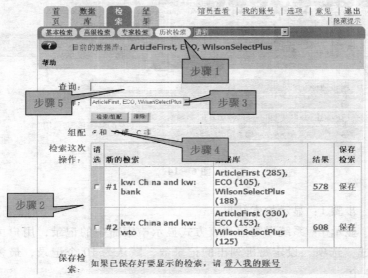

图 6 – 13

步骤 1：完成检索后，点击"历次检索"。

步骤 2：检查先前的检索，可重复先前的检索。

步骤 3：在另一个数据库完成一个先前的检索。

步骤 4：组合检索式。

步骤 5：完成一个新检索，在查询输入框键入一个新检索式。

6.3.2.7 检索结果与处理

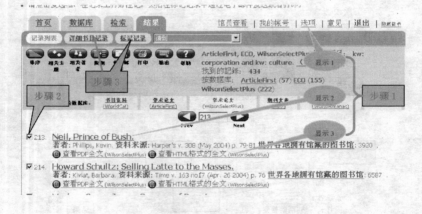

图 6 – 14

步骤 1：显示检索结果。

显示 1：系统以简短列表方式显示检索命中的记录，用户可通过"选项"设定每屏列出的记录数，默认为 10 个记录，最多 100 个。

显示 2：点击题名可显示每条记录更详细的信息。

显示 3：如有全文，还显示全文标记和全文格式，直接点击标记即可浏览全文。

步骤2：标记记录。如需要某条记录，可在记录前的复选框中打钩做标记；如需要全部记录，可通过"全打标记"和"清除标记"，对当前界面的全部记录做标记和清除全部标记。

步骤3：显示标记记录。点击"标记记录"或"详细书目记录"选项，显示出做过标记的简单记录列表，或标记记录的详细信息。

图 6 – 15

步骤4：结果处理。对检索结果可进行下载、打印、E-mail、输出等操作，点击相应图标，可将检索结果发送到个人信箱、保存、输出或者打印出来。发送或保存的文件格式可以选择 txt 或者 htm，建议选择 htm 格式。

7 知识产权与专利检索

7.1 知识产权

7.1.1 概述

知识产权（Intellectual Property）又称智力财产权、知识所有权，指在工业、农业、科技、文艺领域内一切智力活动成果享有的权利。"知识产权"概念最早由 17 世纪中叶的法国学者卡普佐夫提出，后为比利时法学家皮卡尔所发展，直至 20 世纪 60 年代，包括法国在内的知识产权制度较为发达的西方国家一般并不使用这一概念，而是使用"无形财产权"（Intangible Right）。1967 年 7 月 14 日在斯德哥尔摩签署的《成立世界知识产权组织公约》（WIPO）正式采用"Intellectual Property"，从此知识产权作为一个法律概念逐步得到世界多数国家和众多国际组织的承认。

《成立世界知识产权组织公约》规定了知识产权包括如下有关权利：

（1）文学、艺术和科学作品；

（2）表演艺术家的表演以及唱片、广播节目；

（3）人类一切活动领域内的发明；

（4）科学发现；

（5）工业品外形设计；

（6）商标、服务标记以及商业名称和标志；

（7）制止不正当竞争；

（8）在工业、科学、文学或艺术领域内其他一切由于智力活动而产生的权利。概括公约的规定，知识产权的范围可分为专利权、商标权、版权或著作权。

1993 年 12 月达成的《与贸易有关的知识产权（包括假冒商品贸易）协议》所规定的对知识产权提供的保护对象，主要是国际知识产权贸易所涉及的以及有形货物国际贸易中牵涉的知识产权，其范围包括著作权及其相关权利、商标、地理标记、工业品外观设计、专利、集成电路布图设计、未公开信息。

根据中国民法通则规定，知识产权的范围包括：

（1）著作权（文学、科学和艺术作品，计算机软件）；

（2）邻接权（出版物、演出、录音录像以及广播电视节目）；

（3）发现权（科学发现）；

（4）专利权（发明、实用新型、外观设计）；

（5）发明权和其他科技成果权（发明、科学技术进步、合理化建议、技术改进）；

（6）商标权（商标以及服务标记）。

知识产权分为工业产权和版权两大类。

7.1.2 工业产权

主要指专利权、商标权、工业品外观设计、服务标记、厂商名称、产地标记或原产地名称以及制止不正当竞争。工业产权所具有的共同特点：

（1）专有性，这些权利专属权利人所有。权利人有权许可或者不许可他人利用其权利客体。其他的人未经许可，不得利用，否则就是侵权。

（2）地域性，一国授予的工业产权如商标权、专利权等，只在该国的范围内有效，如果权利人希望在其他国家享有这些权利，原则上必须依照其他国家的法律另行提出申请。除本国加入的国际条约另有规定以外，任何国家都不承认其他国家或国际性工业产权机构所授予的工业产权。

（3）时间性，不论什么工业产权，都有一定的期限。有的工业产权期限不允许续展，一旦期满权利即告终止。有的工业产权期满前允许续展，如果不续展，权利也即终止。

7.1.3 版权（著作权）

著作权指作者及其他著作权所有人对文学、艺术和科学作品享有的各项专有权利，包括计算机软件著作权。

（1）著作权的保护对象。著作权的人身权体现在发表权、署名权、修改权、保护作品完整权。著作权的财产权利亦称为经济权利，它是作者本人或授权他人通过使用作品并取得报酬的权利。财产权包括：复制权、发行权、展览权、上映权、播放权、电影权、演出权作品的印刷销售、演出摄影、录音录像等方面的专有权。

（2）著作权的保护期限。中国对著作权的保护规定了期限，公民的作品的保护期为作者有生之年及其死亡后五十年；法人或非法人单位的作品的保护期为五十年，但作品完成五十年内未发表的，不再受保护；电影、电视、录像和摄影作品也享有五十年的保护期。在超过上述保护期后，作品便为全社会公有。使用已过保护期的作品，仍需署原作者的名字和保持该作品的完整。

（3）计算机软件的保护。计算机软件是指计算机程序以及有关文档。计算机程序包括源程序和目标程序，同一程序的源文件或目标文本应当视为同一作品。在计算机软件中，不论是计算机程序还是文档，在计算机程序中，也不论是源程序还是目标程序，都是计算机软件著作权的保护对象。计算机软件作为一种知识产品，都必须具备以下条件才能获得法律的保护：

1）原创性。受保护的软件必须由开发者独立开发，即软件应该是开发者独立设计、独立编制的编码组合。凡是抄袭、复制他人的软件均不能受法律的保护，构成侵权时，行为人还应承担法律责任。

2）固定性。受保护的计算机软件必须固定在某种有形的物体上。这指一定的存储介质，如纸带、卡片、磁带、磁盘、图表、手册等。存在于开发者头脑中的软件设计思想并不受法律的保护，只有当这种程序设计通过客观手段表达出来并为人所知悉时才能受法律保护。

现行的《计算机软件保护条例》自 2002 年 1 月 1 日起施行，保护期与著作权相同，为 50 年。

7.2 专利

专利的英文名称是"Patent"，源自拉丁文。其原意为"皇家特许证书"，指皇室颁发的一种授予某一特权的证书。现指在建立了专利制度的国家，某一发明创造由发明人或设计人向专利主管部门提出申请，经审查并批准授予在一定年限内享有独占该发明创造的权利，并在法律上受到保护，任何人不得侵犯。这种受法律保护、技术专有的权利，称之为专利。专利是工业产权的一种，也称为工业所有权，它包含三种含义：专利权、已取得专利权的发明创造和专利文献。

7.2.1 专利的基本概念

（1）专利权。指国家在法律上授予发明者在规定期限内的经济特权。按照专利法的规定，未经专利权人许可，任何单位和个人不得实施其专利，不得为生产经营目的而制造和销售其专利产品或使用其专利方法。职务发明专利归发明者的单位，非职务发明，专利权归发明者个人。专利权可以买卖或转让，专利权的所有人或单位统称为专利权人。专利权具有排他性、时间性和区域性，专利的保护期一般为从申请之日起 10 年到 20 年。

（2）专利法。是国家为保护发明创造人的合法权益，调整发明人、专利权人和发明创造使用者之间的法律关系的总和。是确认和保护发明人或其继承人对发明享有独占权的法律。但专利的内容必须符合国家的法律、符合社会公德以及某些国际公约和国际惯例。

7.2.2 专利的类型

专利的种类包括发明专利、实用新型、外观设计三种。

（1）发明专利。我国专利法规定的发明专利是指对产品、方法或者其改进所提出的新的技术方案。发明与发现有着本质的不同，发现是指人类对自然界早已存在的规律或现象的认识，而发明是利用自然法则在技术上的创造，是创造新事物、创造新的制作方法。发明专利是三种专利中层次最高的一种，分为产品发明和方法发明两大类，需要进行实质性审查，我国对发明专利的保护期是从申请之日起 20 年。

（2）实用新型专利。我国专利法规定的实用新型专利是指对产品的形状、构造或者其结合所提出的新的实用技术方案。相对于发明专利，实用新型专利的技术含量较低，所以有人称之为"小发明"，其要求也低于发明专利，但规定该发明是一件产品，而不是一件工艺，产品有实用价值，必须有一定的形状和结构。我国对实用新型专利的保护期是 10 年。

（3）外观设计专利。我国专利法所称的外观设计专利是指产品的外观、图案和色彩或者其结合所做出的具有美感、具有装饰性功能并适合工业上应用的新设计。外观设计包括商标图案、产品造型、外观色彩等。外观设计专利偏重于产品的装饰性与艺术性。我国对外观设计专利的保护期是 10 年。

7.2.3　专利的申请条件

在发明专利、实用新型专利和外观设计专利三种专利中，发明专利和实用新型专利是主要的，占到专利的 90% 以上。目前世界上大多数国家的专利法中都明确规定，一项专利申请能否获得授权，关键是看其是否具有以下三个条件：

（1）新颖性。是指在申请日以前没有同样的发明或者实用新型在国内外出版物上公开发表过、在国内公开使用过或者以其他方式为公众所知，也没有同样的发明或者实用新型由他人向专利局提出过申请并且记载在申请日以后公布的专利申请文件中。我国以申请日为判定新颖性的标准。

（2）创造性。是指同申请日以前已有的技术相比，该发明有突出的实质性特点和显著的进步，该实用新型有实质性特点和进步。

（3）实用性。是指该发明或者实用新型能够制造或者使用，并且能够产生积极效果。

申请专利的发明创造在申请日以前六个月内，有下列情形之一的，不丧失新颖性：

（1）在中国政府主办或者承认的国际展览会上首次展出的；

（2）在规定的学术会议或者技术会议上首次发表的；

（3）他人未经申请人同意而泄露其内容的。

我国专利法中规定下列各项申请将不授予专利权：

（1）科学发现；

（2）智力活动的规则和方法；

（3）疾病的诊断和治疗方法；

（4）动物和植物品种；

（5）用原子核变换方法获得的物质。

同时还规定属于以下情况的专利申请也不会授予专利权：违反公共秩序或道德观念的发明，如赌博用的工具、吸毒工具、撬锁工具等；出于国家利用不能公布的发明，如军事工业的发明、原子能工业的发明等。

7.3 专利制度及其作用

世界上专利制度已有 300 多年的历史，目前实行专利制度的国家有 170 多个。通过制定和实施专利法，对申请专利的发明，经过审查和批准，授予专利权，同时将发明的内容公诸于世，以便进行信息交流和技术转让。

7.3.1 专利制度的作用

（1）充分保护发明人的合法利益，激励发明创造的积极性。

（2）有利于促进发明内容早日公开，避免重复研究，加快技术创新。

（3）扩大和保护发明人的本国和海外权益。

（4）在引进国外技术的谈判中，掌握专利法便于降低引进资金，合理地支出专利技术的转让费。

7.3.2 专利审查制度

专利申请的审批工作由各国专利局负责，各国专利局依据规定的审批程序和审批要求，对申请专利的发明和文件进行审查，在审查合格后才确定是否授予专利权。目前，世界各国实行的专利审查制度有三种：形式审查制、实质审查制、延迟审查制。

（1）形式审查制。形式审查制是指对专利申请只进行形式上的审查，而不对其实质内容进行审查的制度，又称登记制。专利局只对申请手续和申请文件是否完备进行审查，而不涉及发明的技术内容。只要形式审查合格，即授予专利权。形式审查制的优点是审批及时，发明公布快，申请所负担的费用少，专利局也无须配备大量审查人员。其主要缺点是专利质量低，许多不符合专利性的发明往往被批准为专利，专利诉讼案件多。目前，仅有比利时、希腊、意大利、西班牙等少数国家实行形式审查制。

（2）实质审查制。实质审查制是对专利申请不仅进行形式上的审查，还要进行实质审查和公众审查，又称审查制。即审查该发明的内容是否具备新颖性、创造性和实用性，以确定是否授予专利权。经过实质审查批准的专利，质量高，诉讼纠纷少，但审批专利要花费较多的人力和时间，往往造成专利申请的大量积压。目前，美国、前苏联、加拿大、瑞典和印度等国实行实质性审查制度。

（3）延迟审查制。延迟审查是指专利局进行形式审查后，将实质性审查程序推迟一段时间进行的一种制度，又称早期公开延期审查制。申请人提出专利申请后，专利局先进行形式审查，然后将发明早期公开，申请案一般从申请日起 18 个月内公布。从公开之日起，申请人就享有临时保护权。请求实质审查的期限各国不同，日本、德国、荷兰自申请之日起 7 年，澳大利亚 5 年，中国 3 年，英国和欧洲专利局半年。申请人可以随时提出实质性审查的要求，并缴纳审查费，由专利局对申请进行实质性审查，逾期不请求者被视为撤回申请。

延迟审查制的优点是发明内容公开及时，给专利申请人以充分的时间考虑是否请求实质性审查，同时减轻了专利局的审批工作量。其缺点是审查程序复杂，专利审查的不确定状态过长。

我国对发明专利申请实行延迟审查制，对实用新型和外观设计专利实行形式审查制。

7.3.3 国际专利组织

（1）保护工业产权巴黎公约。该组织成立于 1883 年，规定了工业产权的保护范围，以及缔约国之间的互惠原则，国民待遇、优先权、专利独立和强制许可原则。我国于 1985 年加入该组织。

（2）世界知识产权组织 WIPO （World Intellectual Property Organization）。该组织于 1970 年成立，1974 年成为联合国下属的专门机构，其总部设在日内瓦，有 100 多个成员国。是国际专利制度的协调机构，其宗旨是在全世界范围内促进知识产权的法律保护，协调有关国际区域条约组织的工作，1980 年我国加入该组织。1992 年我国加入国际版权公约和保护文学艺术作品伯尔尼公约。

（3）专利合作条约组织 PCT （Patent Cooperation Treaty）。条约于 1970 年签订，1978 年 12 月 5 日正式生效。条约规定：在缔约国范围内，申请人一旦使用一种规定的语言在一个国家提交一件国际专利申请，就视同该申请人向该国际申请中指定的国家分别提出专利申请具有相同的效力。经审批后即成为统一的多国有效专利。其相应的专利冠以"WO"字样。条约宗旨是：简化申请人向多国申请专利的手续，避免各国专利局重复性劳动，协调各国专利审批程序。我国 1993 年正式加入该组织，被批准为国际受理局和指定局、国际检索和国际初审单位，中文为 PCT 工作语言。

（4）欧洲专利局（European Patent Office），简称 EPO。该组织成立于 1977 年，包括除爱尔兰以外的欧共体所有成员国，它规定，在成员国内，用英、德、法文中的任何一种文字提出的专利申请被批准后，即可取得成员国的专利保护。这些专利称为"欧洲专利"，专利前面都冠以"EP"字样。

7.4 专利文献检索

7.4.1 基本概念

广义地讲，专利文献指记载和说明专利内容的文件资料及相关出版物的总称。包括发明说明书、专利说明书、申请专利时提交的各种文件（如请求书、权利要求书、有关证书等）以及专利局公报、专利文摘、专利分类与检索工具书、与专利有关的法律文件、诉讼资料等。狭义地讲，专利文献就是指专利说明书。该说明书的内容包括发明人对发明内容的详细说明和对要求保护的范围的详细描述。狭义的专利文献包括专利局公布出版的各种发明说明书或专利说明书及其派生的各种二级文献，它们是专利文献的主体。

专利说明书代码：

10 文献标志号

    （11）文献号

    （12）文献类别

    （19）公布专利文献的国家或机构

20 国内登记项目

    （21）专利申请号

    （22）专利申请日期

    （23）其他登记日期

    （24）所有权生效日期

30 国际优先案项目

    （31）优先申请号

    （32）优先申请日期

    （33）优先申请国家

40 向公众提供使用日期

    （41）未经审查和尚未批准专利的说明书

    （42）经审查但尚未批准专利的说明书

    （43）未经审查和尚未批准专利的说明书的出版日期

    （44）经审查而未批准专利的说明书出版日期

    （45）经审查批准专利的说明书的出版日期

    （46）说明书中权限部分的出版日期

50 技术情报项目

    （51）国际专利分类号

    （52）本国专利分类号

    （53）国际十进分类号

    （54）发明题目

    （55）关键词

    （56）过去发表的有关文献

    （57）文摘及专利权项

    （58）审查时需检索的学科范围

60 法律上有关的国内专利文献参考项目

    （61）增补专利

    （62）分案专利

    （63）部分后续专利

    （64）再公告专利

70 人事项

    （71）申请人

    （72）发明人

    （73）受让人

    （74）律师或代理人

    （75）发明人兼申请人

    （76）发明人兼申请人和受让人

80 国际组织有关项目

    （81）PCT 指定国

    （82）PCT 选择国

    （84）EPO 指定国

    （86）国际申请著录项，如申请号、文种和申请日期

    （87）国际专利申请的公布号、文种和公布日期

    （88）欧洲检索报告出版日期

    （89）相互承认保护文件协约的起源国别及文件号

专利说明书是专利申请人向专利局呈交的有关发明创造的详细技术说明书，包括已经审查批准的专利说明书（或称为审定说明书或公报说明书）、未经审查批准的公开说明书（或称申请说明书）和虽已经审查但还未被批准的展出说明书。各国的专利说明书都有固定的格式，一般由标头、正文、权项三部分构成。标头为该专利的著录事项，即专利号、申请号、申请日期、发明人、专利权人、分类号、批准日期等，都采用国际通用的INID 代码（巴黎联盟专利局同情报检索国际合作委员会数据识别代码）；正文说明该发明创造的技术背景、实质内容、用途、特点、最优方案、实例和附图；权项，即专利权限，主要阐述专利申请人要受法律保护的专利权范围。

7.4.2 专利文献的特点

专利文献是非常重要的科技文献，据统计有 90% 以上的新技术是首先出现在专利文献中，若能应用好专利文献，可以节约40% 的科研经费，少花 60% 的研究开发时间。它的重要特点是：

（1）数量庞大、内容广泛。目前全世界每年公布的专利说明书约 150 万件，占世界每年出版物数量的 1/4。专利说明书的内容广泛，从简单的日常生活用品到世界尖端科技，几乎涉及人类生产生活的所有技术领域。

（2）内容详尽、技术含量高。国际专利合作条约（PCT）对撰写专利说明书有明确的规定：专利申请说明书所公开的发明内容必须完全清楚，以内行人能实施为标准。我国专利法也规定：专利说明书应当对发明或者实用新型做出清楚、完整的说明，以所属技术领域的技术人员能够实现为准，必要时应当有附图。

（3）出版迅速、报道速度快。世界上绝大多数国家实行的都是先申请制、早期公开和延迟审查制度。对内容相同的发明，专利权授予最先提出申请的人，这就使得发明人尽一切可能及早提出自己的专利申请。另外，由于实行了早期公开和延迟审查制度，自专利申请日起的 18 个月内，专利局就公开出版专利申请说明书，使专利文献成为报道新技术最快的一种信息源。

（4）分类及格式统一。各国对专利说明书的著录格式要求基本相同，首先著录项目统一使用国际标准识别代码，并采用统一的专利分类体系，即国际专利分类法，对专利申请说明书和权利要求书内容的撰写要求也大致相同，便于人们对世界各国专利说明书的阅读与使用。

（5）大量重复报道。专利文献的重复报道量非常大，据WIPO统计，全世界每年公布的专利文献约百万件，仅反映 35 万件左右的新发明，有近三分之二的专利文献是重复的。原因在于：一是同一发明往往向若干国家申请专利，出现不同文字的等同说明书；二是实行延迟审查制度的国家在受理和审批申请案的过程中，不同的阶段重复出版，造成专利文献内容的重复。

（6）文字冗长、晦涩难懂。因为专利文献是集技术信息、法律信息和经济信息于一体的一种特殊文献，为了实现对自己专利的保护，在技术上它很少说明技术的原理，不提供准确的技术条件参数，往往使人难以理解；从法律的角度上说，它尽可能地扩大对自己的保护范围而使用一些晦涩的法律术语；从经济的角度上说，它尽可能地说明其经济上的利用价值，这就使得专利文献的文字显得冗长。

专利说明书不是一种合格产品的完整技术资料，因为专利发明人并不彻底公开其发明，将一些实施专利的专有技术或技术诀窍（Know How）加以保密。因此，在购买专利技术使用权的同时也必须购买专有技术使用权，才能保证取得最佳实施效果，制造出高质量的产品。

7.4.3 专利文献的用途

（1）法律用途：

1）专利审查机关在收到发明人的专利申请后，专利审查员要检索专利文献，调查现有技术，以判断申请专利的发明创造是否符合专利法的"三性"要求。

2）发明人及其代理在正式提出专利申请以前，也应当进行专利文献检索，以便提高专利申请的成功率。

3）当事人可以利用专利文献检索对他人的专利提出异议，同时被异议人也可通过专利检索保护自己的权利。

4）为了解专利纠纷，有时也需要通过专利文献检索，查找相关的文献，判断专利相关人员的权利范围、内容及义务。

（2）经济用途：

1）通过专利文献检索，了解竞争对手的技术发展、现状和动向，做到知己知彼。

2）在国际经济、技术贸易过程中，应当注意进行专利文献检索，保证经营活动的合法性，维护自身的权利。例如，在进行出口贸易时，应进行专利检索，防止自己的产品在进口国侵犯他人专利权，造成不必要的损失。

（3）技术用途：

科技工作者在工作中也应当重视专利文献检索，了解国内外相关领域的技术水平和发展趋势，获得最新的技术信息，促进自身科研工作的进行。

7.5 国际专利分类法

7.5.1 概况

国际专利分类法（International Patent Classification）简称 IPC 分类法，是根据 1971 年签订的《国际专利分类斯特拉斯堡》编制的，于 1975 年 10 月 7 日生效，是目前唯一的国际通用的专利文献分类和检索工具，为世界各国必备，我国的专利文献也采用 IPC 分类法。IPC 分类表每 5 年修改一次。IPC 分类采用"行业分类"与"功能分类"相结合，但侧重于按功能分类，条理性强，在专业类目的安排上较好地反映了现代技术的面貌。从第二版起，IPC 都有中文版本。

7.5.2 分类体系

IPC 以等级的形式，将技术内容按部（Section）、分部（Subsection）、大类（Class）、小类（Subclass）、主组（Group）、分组（Subgroup）逐级分类，组成一个完整的分类系统。

第一级：部和分部，IPC 共分 8 个部，20 个分部。部的类号用大写字母 A ～ H 表示，分部无类号。

A 部：人类生活需要（农、轻、医）

　　　　分部：1 农业，2 食品、烟草，3 个人和家庭用品，4 保健与娱乐。

B 部：作业、运输

　　　　分部：1 分离、混合，2 成型，3 印刷，4 交通、运输。

C 部：化工、冶金

分部：1 化学，2 冶金。

D 部：纺织、造纸

分部：1 纺织和未列入其他类的柔性材料，2 造纸。

E 部：固定建筑物

分部：1 建筑，2 钻井、采矿。

F 部：机械、照明、热工、武器、爆破

分部：1 发动机和泵，2 一般工程，3 照明、加热，4 武器、爆破。

G 部：物理（包括计算机）

分部：1 仪器，2 核子学。

H 部：电学

第二级：大类，大类类号由部类号加两位阿拉伯数字组成。例如：

F02 燃气发动机　喷气发动机

第三级：小类，大类的细分类目。小类号由大类号加上一个大写的英文字母组成。例如：

A47C 椅子、沙发、床

有些小类后有一个小类索引。

第四级：主组，小类的细分目录。主组号由小类号加上 1~3 位的数字，后面加上"／"符号，再加上两个零。例如：

G05B13/00 自适应控制技术

第五级：小组，大组的细分目录，由小类号加上 1~3 位数字组成。例如：

F24F6/02

从分册到小组依次为从属关系，小组还使用圆点进行等级分类，圆点越多，等级越低。列如：

部：　　　　B　　　　　　　作业、运输

大类：　　　　B64　　　　　航空器、航空、宇宙航行

小类：　　　　B64C　　　　　飞机、直升飞机

主组：　　　　B64C 25/00　起落装置

一点分组：　　　　25/02　·起落架

二点分组：　　　　25/08　··非固定的，如可抛弃的

三点分组：　　　　25/10　···可收放的，可折叠的或类似的

四点分组：　　　　25/18　····操作机构

五点分组：　　　　25/26　·····所用的操作或锁定系统

六点分组：　　　　25/30　······应急动作的

B64C25/30 类号的内容是指一架飞机或直升飞机上起落装置用的一种非固定式的、可收放的、可折叠或类似的起落架的操作机构的应急动作的操纵或锁定系统。所以一个完整的分类号是由包括部、大类、小类、主组和分组的类号组合而成的。其完整写法为 Int Cl. [7]：B64C25/30。

7.5.3　IPC 类目关键词索引（Official Catchword Index）

该索引配合 IPC 分类表使用，收录约 7000 个关键词，把 IPC 类目中的主要关键词按字母顺序排列，在每个关键词后面给出 IPC 分类号。检索者可以根据自己课题的关键词查出相应的 IPC 类号。由于词组不是 IPC 的类目词，因此它不是一个独立的分类检索工具，必须与 IPC 表结合。

7.5.4　确定课题的国际专利分类号的方法

确定课题的国际专利分类号的方法一般有直接法、关键词索引法和间接法三种：

（1）直接法。直接使用《国际专利分类法》查找课题专利分类号的方法，也称为"自上而下"的方法，即先确定课题大致所属的部，使用这个部所在的分册，按照目录中给出的大类、小类、组、小组逐级向下查找。

（2）关键词索引法。《关键词索引》是通过事物名称查找国际专利分类号的一个辅助索引工具。这种索引中的关键词按汉语拼音的字顺排列，其后列出 IPC 号。由这种索引得到的专利分类号，应注意要使用相应的国际专利分类表分册予以核查，以便确认类号和得到更切题的详细分类号。

（3）间接法。国际专利分类号还可以通过阅读已有的专利说明书或查找《化学文摘》、《陶瓷文摘》、《金属文摘》等报道专利的检索工具间接得到。

7.6　中国专利文献检索

我国专利制度起步较晚，1984 年通过了第一部专利法《中华人民共和国专利法》，并于 1985 年正式实施。而与此同时，英国、美国、日本、德国等发达国家的专利制度已经发展了数百年。1992 年和 2000 年，我国对专利法进行了两次修订。近年来专利法的实施取得了显著成绩，全社会的专利意识有了明显提高，专利申请量和授权量持续高速增长，专利技术的实施率逐步提高。2000 年至 2006 年，三种专利申请总量和发明专利申请量连续 7 年的平均增长率均超过 20%。1985 年至 2006 年，发明专利申请累计超过 100 万件，达到 108.9521 万件。国内三种专利申请同比增长高于国外 12.4 个百分点。对于技术含量相对较高的发明专利申请，国内发明专利申请 12.2318 万件，是国外

8.8172 万件的 1.39 倍。专利法的制定和实施对鼓励和保护发明创造，促进科技进步和创新，推动我国经济社会全面、协调、可持续发展发挥了重要作用。

总体来说，我国专利文献和专利本身一样，虽然与西方科技大国有着差距，但毋庸置疑地朝着一个数量更多、质量更高、结构更合理、种类更繁多的方向发展。

7.6.1 中国专利文献的类型及编号

中国专利文献包括专利说明书、权利要求书、附图和摘要、专利公报和专利索引。我国专利局在 1985 年 9 月 10 日发布了首批中国专利公报，按发明类型分为《发明专利公报》、《实用新型专利公报》、《外观设计专利公报》三种。每年各出一卷，1985 年为第 1 卷，依次类推（如 2006 年为第 22 卷），均为周刊。

下面我们主要说明专利说明书的种类和编号体系。

（1）专利说明书的种类。1993 年 1 月 1 日我国对专利法进行了一次修订，对专利申请和授予的程序进行了一些修改。由此，中国专利说明书的种类也发生了一定的变化。

1993 年专利法修改前			1993 年专利法修改后		
专利类型	专利说明书种类		专利类型	专利说明书种类	
发明专利申请	发明专利申请公开说明书	发明专利申请审定说明书	发明专利申请	发明专利申请公开说明书	发明专利说明书
实用新型专利申请	实用新型专利申请说明书		实用新型专利申请	实用新型专利说明书	
外观设计专利申请	外观设计专利公报		外观设计专利申请	外观设计专利公报	

（2）专利说明书的编号体系。对不同类型的专利，在申请专利的不同阶段，专利管理机关会给出不同的编号，而这些具有很强检索意义的编号主要有以下几个。

① 申请号：在提交专利申请时专利机关给出的编号。

② 专利号：在授予专利时给出的编号。

③ 公开号：也叫申请公开号，是对发明专利申请说明书给出的编号。

④ 审定号：对发明专利审定说明书的编号。

⑤ 公告号：对实用新型专利申请说明书的编号；对公告的外观设计专利申请的编号。

⑥ 授予公告号：对发明专利说明书的编号；对实用新型专利说明书的编号；对公告外观设计专利的编号。

我国的专利说明书编号体系从 1985 年开始至今，中间进行了两次修改，分别在 1989 年和 1993 年。因此形成了 1985～1988 年，1989～1992 年，1993 年以后三个阶段，这三个阶段的专利编号体系存在一定的差异。以 1993 年以后的编号体系为例：

专利种类	编号名称	编号示例
发明	申请号（专利号）	97125988.7
实用新型		96239646.X
外观设计		97307026.9
发明	公开号（申请公开号）	CN1188827A
	授权公告号（原审定号）	CN1039194C
实用新型	授权公告号	CN2384284Y
外观设计	授权公告号	CN3080720D

三种专利申请号的编码方式是相同的，专利号采用与申请号相同的编号方式，这与以前的编号体系没有变化。只是在专利公报实际著录过程中，专利号会以 ZL 标记。

专利公开号

CN1188827A

CN 表示中国（ISO 规定）。

第 1 位数字为"1"表示发明；为"2"表示实用新型；为"3"表示外观设计。

后面的六位数字是流水号。

A 表示发明专利申请公开。

专利申请号（专利号）

97125998.7

专利申请号中的第 1～2 位数字表示受理专利申请的年号，第 3 位数字表示专利申请的种类（1 表示发明；2 表示实用新型；3 表示外观设计），第 5～8 位数字（共 4 位）为申请流水号，表示受理专利申请的相对顺序；小数点后一位数字表示计算机校验位。

授权公告号

CN2384284Y

CN 表示中国（ISO 规定）。

第 1 位数字为"1"表示发明；为"2"表示实用新型；为"3"表示外观设计。

第 2～7 位数字表示授权公告的各种专利文献的顺序号，逐年向后累计。

Y 表示文献类型，发明专利公开号为 A、授权公告号为 C、外观设计专利为 D。

7.6.2　中国专利文献检索工具

（1）专利公报。专利公报是查找专利文献，检索中国最新专利信息，了解中国专利行政机关业务活动的主要工具书。

中国专利公报根据专利的类型分为《发明专利公报》、《实用新型专利公报》和《外观设计专利公报》3 种。中国专利公报大体可分为三部分：第一部分公布专利文献和授权决定，第二部分公布专利事物，第三部分是期号索引。

（2）中国专利索引。中国专利索引是年度索引，它对每年公开、公告、授权的三种专利以著录数据的形式进行报道，是检索中国专利文献，尤其是通过专利公报检索专利十分有效的工具。

中国专利索引目前有 3 种，《分类号索引》、《申请人、专利权人索引》、《申请号、专利号索引》。《分类号索引》以国际专利分类号或国际外观设计分类的顺序进行编排；《申请人、专利权人索引》按照申请人或专利权人姓名或译名的汉语拼音字顺编排，其中发明专利分为发明专利申请公开和发明专利权授予两部分；《申请号、专利号索引》则以流水号顺序编排，其中发明专利分为发明专利申请公开和发明专利权授予两部分，分别用以检索专利申请和专利权授予。

以上 3 种专利索引无论查阅哪一种，都可以得到分类号、发明创造名称、公开号（或授权公告号）、申请人（或专利权人）、申请号以及卷、期号（专利公报卷、期号）这 6 项数据。

（3）缩微型专利文献和 CD – ROM 光盘版专利文献。我国缩微型专利文献的出版开始于 1987 年，分胶卷和平片两种。从 1993 年开始出版中国专利文献 CD – ROM 出版物，并且从 1996 年起不再出版印刷型专利说明书，专利说明书全部以 CD – ROM

光盘形式出版。

（4）专利文献通报。专利文献通报是一种中文专利检索工具，它以文摘和题录的形式报道中国、美国、英国、日本、德国等国家以及欧洲专利公约和国际专利合作条约的专利文献。该刊根据国际专利分类表中的 118 个大类，分编成共 45 个分册，按照国际专利分类号编排，并有年度分类索引。

7.6.3　中国专利文献检索

中国专利检索的步骤：

（1）根据课题要求，使用 IPC 分类表或关键词索引，确定 IPC 分类号。

（2）用已确定的 IPC 分类号，查《中国专利年度分类索引》，找到相应的专利后，再根据其卷、期号，查找对应的专利公报。

（3）利用《中国专利申请人、专利权人年度索引》查找有关单位和个人拥有的专利。

（4）直接利用专利号等序号索取专利说明书。

7.7　《世界专利索引》

7.7.1　概述

英国德温特出版公司（Derwent Publication Ltd.）是一家专门从事专利文献出版的机构。它成立于 1951 年，经过 50 年的发展，德温特专利检索工具日臻完善，目前年报道量已达 100 万件，占世界专利总量的 70% 以上，并能提供 1200 万件专利文献的检索和 300 万件发明的详细说明书。德温特公司用英文编写和报道世界各国的专利文献，1987 年起开始报道中国专利。无论是在著录、检索深度、还是在使用效率、学科覆盖面等方面，德温特专利检索体系都居世界专利检索工具之首。

代　码	国家或地区	代　码	国家或地区
AR	阿根廷	IT	意大利
AT	奥地利	JP	日本
AU	澳大利亚	KR	韩国
BE	比利时	LU	卢森堡
BR	巴西	MX	墨西哥
CA	加拿大	NL	荷兰
CH	瑞士	NO	挪威
CN	中国	NZ	新西兰
CZ	捷克	PT	葡萄牙
DE	德国	RO	罗马尼亚
DK	丹麦	RU	俄罗斯
ES	西班牙	SE	瑞典
FI	芬兰	SG	新加坡
FR	法国	SU	前苏联
GB	英国	US	美国
HU	匈牙利	TW	中国台湾
IL	以色列	ZA	南非
RD	《研究公开》（英）	EP	欧洲专利局
TP	《国际技术公开》（美）	WO	专利合作条约组织

7.7.2 德温特专利文献主要出版物

德温特公司成立初期，分国出版专利文献，报道英、美、苏、法、德、日、比利时和荷兰 8 个国家的专利文献。

19 世纪 60 ~ 70 年代初，公司则按专业先后出版了 12 种化学化工专利和材料方面的专利文献，称为"中心专利索引"（Central Patent Index）。共分 12 个分册，后改名为"化学专利索引"（Chemical Patent Index）。

1974 年德温特公司创办《世界专利索引目录周报》（Weekly Word Patent Index Gazette），简称 WPIG，以题录为形式报道 38 个国家和两个国际组织的专利文献，分为四个分册：

Section P   一般
Section Q   机械
Section S—X   电气
Section A—M   化工

1975 年创办《世界专利文摘》（Word Patent Abstracts Journal），简称 WPAJ，为周刊，分为一般、机械和电气三类，以文摘形式出版，分为十个分册。从 1988 年第 36 期起，文摘周报调整为 3 大系列，分别为：

《一般和机械专利索引文摘快报》（General & Mechanical Patents Index Alerting Absteracts bulletin），简称 GMPI。

《电气专利索引文摘快报》（Electrical Patents Index Alerting Absteracts bulletin），简称 EPI。

《化学索引文摘快报》（Chemical Patents Index Alerting Absteracts bulletin），简称 CPI。

题录周报分册	文摘周报分册	文摘周报名称
P 分册	P1～P3 分册：生活必需	GMPI
	P4～P8 分册：作业、加工、光学	
Q 分册	Q1～Q4 分册：运输、建筑、采矿	
	Q5～Q7 分册：机械工程	
S～X 分册	S 分册：仪表、测量、试验	EPI
	T 分册：计算、控制	
	U 分册：半导体与电子线路	
	V 分册：电子元件	
	W 分册　通信	
	X 分册：电力工程	
A～M（I 除外）分册	A 分册：聚合物	CPI
	B 分册：药物	
	C 分册：农药、肥料	
	D 分册：食品、洗涤剂	
	E 分册：一般化学品	
	F 分册：纺织、造纸、纤维素	
	G 分册：印刷、涂层、照相	
	H 分册：石油	
	J 分册：化学工程	
	K 分册：原子能、爆炸物、防护	
	L 分册：耐火材料、陶瓷、水泥	
	M 分册：冶金	

德温特专利文献的题录与文摘的对应关系：

	文摘周报分册	文摘周报名称
P 分册	P1～P3 分册：生活必需	GMPI
	P4～P8 分册：作业、加工、光学	
Q 分册	Q1～Q4 分册：运输、建筑、采矿	
	Q5～Q7 分册：机械工程	

续表

	文摘周报分册	文摘周报名称
S ~ X 分册	S 分册：仪表、测量、试验 T 分册：计算、控制 U 分册：半导体与电子线路 V 分册：电子元件 W 分册：通信 X 分册：电力工程	EPI
A ~ M（I 除外）分册	A 分册：聚合物 B 分册：药物 C 分册：农药、肥料 D 分册：食品、洗涤剂 E 分册：一般化学品 F 分册：纺织、造纸、纤维素 G 分册：印刷、涂层、照相 H 分册：石油 J 分册：化学工程 K 分册：原子能、爆炸物、防护 L 分册：耐火材料、陶瓷、水泥 M 分册：冶金	CPI

7.7.3 德温特专利文献检索方法

7.7.3.1 《题录周报》

《题录周报》的四个分册每期均由以下四种索引组成。

（1）专利权人索引（Patentee Index）。专利权人索引主要用于查找某一公司或个人在各国申请专利的情况，是"题录周报"的主体。该索引按专利权人代码顺序排列，代码相同时，再按优先申请日期顺序排，然后按专利号大小顺序排列。其著录格式如下：

＊ HURC － ① HURCC CO INC ② T06 X25③ ＊ WO9507504 － A1④

CNC machine tool control system—Includes object orientated motion control and exception handler objects, eath of which may communicate with other objects via object orientated messages（ENG）⑤ 95 － 123548/16⑥

（95.03.16）⑦ 93. 05.08US118445⑧ G05B19/414⑨

说明：

①专利权人代码。德温特公司为每一个专利权人都编制了由4个英文字母组成的代码。一般大公司可以从德温特公司出版的《公司代码手册》中查到，小公司和个人自行编码。编码规则是取其名称中具有实质性意义的前四位字母，名称中的冠词、介词、连词、姓名中的学衔、称谓忽略不计。为区别不同的专利权人的性质，还规定：

代码后空白表示大公司。

"－"表示小公司。

"＝"表示前苏联的专利权人。

"/"表示专利权人是个人。

②专利权人全称。

③德温特分类号。

④专利号，＊表示本件专利是基本专利。一项发明可在多个国家申请专利，德温特最早收到并报道出去的那件专利称为基本专利，而其他专利则统称为相同专利，用＝表示。在相同专利中，还有一种叫非法定相同专利，它是指已超过规定的优先权期限，其优先权在法律上无效的专利，以"#"号表示。这些内容相同的基本专利和相同专利构成一组同族专利。

⑤专利标题全称。标题中"—"号前为专利的主标题，用黑体字表示，"—"号后为副标题，通常不是专利的发明题目，而是德温特公司根据说明书的内容，用英文重新改写后的题目。

⑥入藏登记号。一组同族专利共享一个入藏登记号，由公元年末2位、顺序号和刊登基本专利的周号组成。

⑦本件专利说明书公布日期。

⑧优先权项。包括优先申请日期、优先申请国家和优先申请号。

⑨国际专利分类号。

（2）国际专利分类索引（IPC Index）。国际专利分类索引是从分类角度查找专利文献的重要途径。该索引按IPC号的前四级即主组类号的顺序排列。凡涉及多种技术领域的专利发明，均在有关类目下列出。

其著录格式如下：

G05B19①

＊CNC machine tool control system—Includes object orientated motioin control and exception handler objects eath of which may communicate with other objects via object orientated messages ② TX③

HURCO CO INC ④ 95—123548/16 ⑤ ＊ WO9507504—A ⑥ 414⑦

说明：

①IPC 主组类号。

②专利标题全称。

③德温特分册号。

④专利权人全称。

⑤入藏登记号。

⑥专利号。

⑦IPC 小组类号。

（3）入藏登记号索引（Accession Number Index）。入藏登记号索引的主要用途是查找同族专利，选择语种熟悉的专利说明书，了解一项专利在国际上申请的范围。该索引按入藏登记号的年份和按登记号顺序排列，其著录格式如下：

92—065751① Q7②

DE 3312278—C 9209③

DE 3312276—C 9210 + ④

GB 2248916—A 9217

NL 8301594—A 9217 } ⑤

NL 8301595—A 9217

92—072931/10⑥

说明：

①入藏登记号。

②德温特分册分类号。

③基本专利。

④相同专利，+ 表示有多重优先。

⑤本周报道的相同专利。

⑥相关登记号。

（4）专利号索引（Patent Number Index）。主要用于已知专利号查找德温特入藏登记号和专利权人代码。按国别代码和专利号顺序排列。其著录格式如下：

US① （A）②

US9002 （A）

* 735③ 92—13919904 ④BOXE - ⑤

* 738 92—13920004 RENH/

= 742 92—13920104 FAST

说明：

①专利国家或地区代码。

②专利法律状态。

③专利号。

④入藏登记号。

⑤专利权人代码。

7. 7. 3. 2 《文摘周报》

* HURC – ① T01 T06② 95 – 123548/16③ * WO9507504 – A1④

* CNC machine tool control system – Includes object orientated motioin control and exception handler objects eath of which may communicate with other objects via object orientated messages（ENG）⑤

HURCO CO INC⑥ 93. 09. 0893US – 118445⑦

X25⑧ （95. 03. 16） ⑨ G05B19/414⑩

94. 09. 07WO – US10029⑪ N（AT AU BR CN DE FR GB...）

R （AT BE CH...） ⑫

The control system comprises a receiving and storage instruction and a transmitting drius...

Use/ADVANTAGE. For operating drius. Lathes, electrostatic discharge machines provides CNC machine tool control that it modifiable. And is scalable such that it may be used for either high end or low end CNC machine tools⑬ （136pp dwg. No 2/2） ⑭

CT 5. Jnl. Ref FR2357⑮

N95 – 097618⑯ T01 – F07⑰

说明：

①专利权人代码。

②德温特分类号。

③入藏登记号。

④专利号。

⑤专利标题。

⑥专利权人全称。

⑦优先项。

⑧可能报道该专利的德温特其他类号。

⑨专利说明书公布日期。

⑩IPC 分类号。

⑪本件专利申请项。

⑫专利指定保护国：本著录项只出现在国际或地区专利组织的专利申请案中，申请人在该组织中任意一个受理国提出一份国际专利申请，即等效于同时分别向指定成员国申请。字母 N 表示其后括号中为国际申请案指定国，R 表示地区申请案指定国。

⑬说明书摘要。

⑭说明书页数及附图。

⑮引证文献。

⑯德温特第二次入藏登记号（缩微胶片自动标引号）。

⑰EPI 手检代码。

7.7.3.3　《优先案索引》

《优先案索引》将同族专利按照优先项的次序排列，报道它们的专利号、入藏登记号和收录文摘的德温特刊物的期号。《优先案索引》的目的主要是：由一件专利的申请号查出其专利号；从优先项找出其相同专利。

88JP①

22634②　　88. 09. 12③

L 89JP—156839④

DE　3930102—A⑤　9012　　　⑥

US　4967181—A⑦　　　　　　　9046

DE　3930102—C⑧　　　　　　　9245

（90—084717—QSX）⑨

说明：

①申请年、申请国；

②申请号；

③申请年、月、日；

④较晚优先项；

⑤基本专利；

⑥报道专利的年份、期号；

⑦相同专利；

⑧本期报道的相同专利；

⑨入藏登记号与德温特分册号。

7.7.4　检索途径

（1）分类途径。这是最常用的检索途径，从需检索的课题入手。

①分析主题，选取关键词；

②查《关键词索引》得到 IPC 大类号，再查相应的 IPC 分类表获得 IPC 完整类号，在《题录周报》的 IPC 索引中找到相关专利的题录，用专利号查找对应期号的《文摘周报》得到文摘或去专利局提取专利说明书。

（2）专利权人途径。利用德温特公司代码手册找到相应公司代码，查找专利权人索引，得到有关机构或个人的专利。

（3）专利号途径。从其他科技文献或专利产品上获得专利号，可选择适当的德温特分册，查阅专利号索引，得到入藏登记号和专利权人代码，查找同族专利和相关专利权人的专利。

7.7.5　中外专利数据库检索

7.7.5.1　国家知识产权局网站（http：//www.sipo.gov.cn）

中国知识产权局网站中的中国专利数据库收录了 1985 年 9 月 10 日以来公布的全部中国专利信息，包括发明、实用新型和外观设计三种专利的著录项及摘要，并可浏览各种专利说明书全文和外观设计图形。该数据库面向公众提供免费专利检索服务，可进行 IPC 分类导航检索及法律状态检索，并提供中、英文两种版本，但每天下载量各不超过 300 页。

打开该网站后点击右侧"中国专利检索"进入专利检索界面，可根据需要进行检索。网站提供了分类号、申请（专利）号、公开（告）日、公开（告）号、申请（专利权）人、发明（设计）人、地址、名称、摘要、主分类号、申请日、颁证日、专利代理机构、代理人、优先权、国际公布等多个检索入口。

检索实例：要求检索海尔集团有关电冰箱的发明专利。

图 7 - 1

7.7.5.2　中国专利信息中心（http：//www.cnpat.com.cn）

中国专利信息中心是国家知识产权局的直属单位，提供专利产品信息咨询、委托专利检索、专利中介和专利会展服务，可免费检索1985年以来的中国专利，部分可获得专利说明书全文。

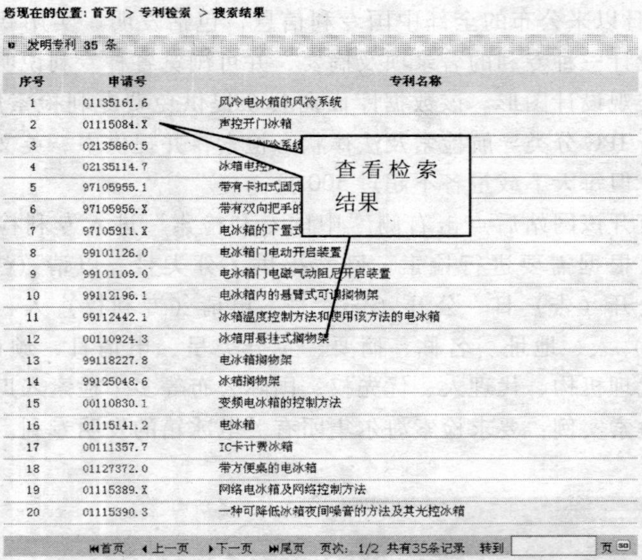
您现在的位置：首页 > 专利检索 > 搜索结果

发明专利 35 条

序号	申请号	专利名称
1	01135161.6	风冷电冰箱的风冷系统
2	01115084.X	声控开门冰箱
3	02135860.5	冷系统
4	02135114.7	冰箱电控
5	97105955.1	带有卡扣式固定
6	97105956.X	带有双向把手的
7	97105911.X	电冰箱的下置式
8	99101126.0	电冰箱门电动开启装置
9	99101109.0	电冰箱门电磁气动阻尼开启装置
10	99112196.1	电冰箱内的悬臂式可调搁物架
11	99112442.1	冰箱温度控制方法和使用该方法的电冰箱
12	00110924.3	冰箱用悬挂式搁物架
13	99118227.8	电冰箱搁物架
14	99125048.6	冰箱搁物架
15	00110830.1	变频电冰箱的控制方法
16	01115141.2	电冰箱
17	00111357.7	IC卡计费冰箱
18	01127372.0	带方便桌的电冰箱
19	01115389.X	网络电冰箱及网络控制方法
20	01115390.3	一种可降低冰箱夜间噪音的方法及其光控冰箱

首页 上一页 下一页 尾页 页次：1/2 共有35条记录 转到 页

图7-2

7.7.5.3 中国知识产权网（http://www.cnipr.com）

中国知识产权网是国家知识产权局知识产权出版社在国家的支持下于1999年6月创建的知识产权综合性服务网站。其宗旨是通过互联网宣传知识产权知识，传播知识产权信息，促进专利技术的推广与应用，树立知名品牌，打击、防范盗版行为，从整体上提高国内公众的知识产权保护意识，树立企业自主知识产权形象。

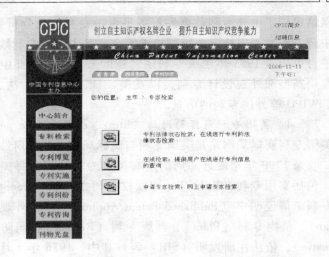

图 7-3

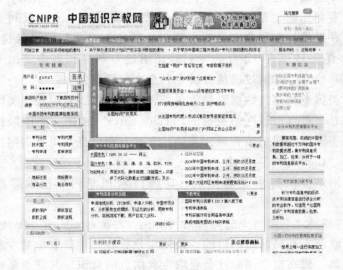

图 7-4

网站提供了中外专利数据库服务平台、专利信息分析系统、中国中药专利数据库检索系统等检索平台，其中中外专利数据库服务平台可检索 1985 年中国专利法实施以来公开的全部中国发明、实用新型和外观设计专利，以及美、日、英、德、法、瑞、欧洲、WIPO 等外国专利的信息。

7.7.5.4　美国专利商标局网站（http：//www.uspto.gov）

美国专利商标局网站是美国专利与商标局建立的政府性官方网站，收录 1790 年至最近一周的所有美国专利数据，每周更新一次。包括实用专利（Utility）[即授权专利（Patent Grandts）]、公开专利申请说明书（Published Patent Applications）、外观设计（Design）、植物专利（Plant）、再版专利（Reissue）、国防专利（Defensive）、依法注册发明（SIR）等。其中，1976 年 1 月至目前的专利提供全文检索功能，可检索所有题录数据，如发明人姓名、专利标题、专利权人姓名、摘要及说明书全文、权利要求等，并提供与专利全文说明书相对应的专利全文扫描图像链接。1790 直至 1975 年 12 月的专利只能通过专利号和当前美国专利分类号检索，并通过链接查看专利全文扫描图像。

美国专利全文数据库只收录美国专利信息，若要检索美国商标信息，可点击该网站主页的"Trademarks"链接。美国版权信息由美国国会图书馆管理，若要检索这方面信息，可点击网站首页的"Copyrights"链接。

网站提供布尔逻辑检索、高级检索和专利号检索等检索途径。

7.7.5.5　欧洲专利局网站（http：//ep.espacenet.com）

欧洲专利局网站的目的，是使用户更容易地获取免费专利信息资源，提高整个国际社会获取专利信息的意识。其特点是检索界面设计良好，使用方便；数据库覆盖范围广，不但包括了欧洲

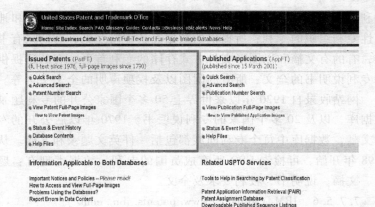

图 7 – 5

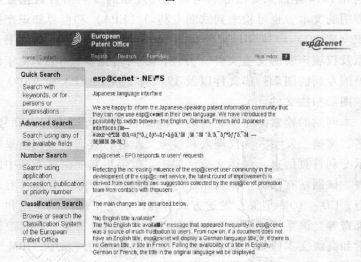

图 7 – 6

专利组织的专利，还包括 PCT 专利和世界上其他一些国家和地区性专利组织的专利；所提供的数据完备详略互见，有的只有书目，有的有文摘和以图形文件方式存储的专利首页，有的还提供了专利说明书的全文、所有的附图以及权项声明的全文文本等。

网站收录自 1920 年以来世界上 50 多个国家公开的专利题录数据库，以及 20 多个国家的专利说明书。1970 年以后公开的专利文献，数据库中每个专利同族都包括一件英文题录和文摘。从 1998 年开始，可检索 EPO 所有成员国的专利。数据类型有：题录、文摘、说明书、权利要求及全文。

7.7.5.6　IBM（http：//www.patents.ibm.com/）

该网站是 IBM 公司赞助的美国专利全文检索数据库系统，1997 年 1 月推出，名为 Patent Server，收录 1971～1973 年的部分专利和 1974 年以来美国专利与商标局发布的专利书目数据及权项声明的文本，也可检索到欧洲专利局（EPA）和世界知识产权组织（WIPO）1974 年以来公布的 1400000 件专利和申请的书目数据及权项声明的文本文件。另外，该网站免费提供 1974 年以来美国专利的图形扫描文件以及 1971 年以来的 EPA 和 WIPO 专利的图形扫描文件。

本网站的检索是完全免费的，Internet 用户可以通过专利号、题名、文摘、发明人、代理人和参考文献进行查询，查询结果将显示专利首页信息，包括文摘、参考文献等，并能浏览专利中的图表。该网站有偿提供专利原件的复制和发送服务。复制件有印刷型、CD－ROM 型等。发送方式有电传、电子邮件、速递和一般邮寄等。该系统还提供 3 种检索方式：专利号检索、布尔逻辑检索和高级文本检索。在众多的美国专利服务的网站中，IBM 专利服务网站由于可以提供免费的专利全文而具有优势。

8 国外重要检索工具

8.1 概述

国外检索刊物主要是在美国、英国、日本、俄罗斯等四个国家出版，其中又以美英两国的英文检索刊物为主，这些检索刊物随着现代科学技术的发展、科技文献数量的增加而产生、发展和完善起来，其中有不少检索刊物已有 100 多年的历史，如 CA（《美国化学文摘》）、SA（《英国科学文摘》）、SCI（《科学引文索引》）、EI（《美国工程索引》）、ISTP（《科技会议录索引》）等，是我们检索国外文献重要的检索工具。

其中 SCI、EI、ISTP 又被称为世界三大检索工具，其所收录的文献均选自各学科领域最核心的期刊、国际会议和专著，是世界著名的权威性跨学科检索工具，也是国际上进行科学统计与科学评价的主要依据。科技部下属的中国科学技术信息研究所从 1987 年起，每年以国外四大检索工具 SCI、ISTP、EI、ISR 为数据源进行学术排行并发表分析研究报告。由于 ISR（《科学评论索引》）收录的论文与 SCI 有较多重复，且收录我国的论文偏少，因此，1993 年起不再把 ISR 作为论文的统计源，SCI、ISTP、EI 却一直沿用到今。由于三大检索刊物影响大，常常作为对期刊质量、人才和机构科研水平进行评估的重要工具，尤其是近年来我国的科研评估以及课题组、个人申报课题、报奖、评定职称等都以三大检索作为参考指标。近年来三大检索工具收录我国论文的数量逐年增长，有效地促进了我国科技进步，也提升了我国的国际影响力。尽管以 SCI 等三大检索系统收录文献的数量来评价一个单位的整体科研水平存在局限性和片面性，但仍不失为一个反映科研状况或引导科研方向的重要指标。

在下面的章节里我们将对 SCI、EI 和 CA 进行介绍。

8.2 《科学引文索引》

8.2.1 概述

《科学引文索引》（Science Citation Index，简称 SCI）是美国科学情报研究所（Institute for Scientific Information，简称 ISI，http://www.isinet.com）出版的一种世界著名的综合性科技引文检索工具刊。该刊于 1963 年创刊，原为年刊，1966 年改为季刊，1979 年改为双月刊。SCI 历来被公认为世界范围内最权威的科学技术文献索引工具，能够提供科学技术领域最重要的研究成果。SCI 有自己严格的选刊标准和评估程序，依此每年对入选的期刊进行评价和调整，从而做到其收录的文献能全面反映全世界最重要、最有影响力的研究成果。收录的文献类型包括：期刊、会议录、图书、科技报告和专利文献。

SCI 每年还出版"期刊引用报告"（Journal Citation Reports，简称 JCR）。JCR 对包括 SCI 收录的 3500 种核心期刊在内的 5700 种期刊之间的引用和被引用数据进行统计、运算，并按每种期刊定义的"影响因子"（Impact Factor）等评价指数加以报道。一种期刊的影响因子，指该刊前两年发表的文献在当年的平均被引用次数。一种刊物的影响因子越高，即刊载的文献被引用率越高，说明这些文献报道的研究成果影响力越大，反映该刊物的学术水平高，论文作者可根据期刊的影响因子排名决定投稿方向。此外，ISI 还出版《社会科学引文索引》（SSCI）和《艺术与人文引文索引》（A&HCI）。

8.2.2　SCI 的收录范围

SCI 的收录范围很广，主要收录自然科学的各个学科，包括化学、物理学、生物学、环境科学、医学、药学、工程技术、农业等，侧重基础科学的研究方面。其文献来源涵盖 45 个国家或地区的最具影响力的期刊 5600 多种（扩大版），收录的主要是期刊论文和学术论文。

8.2.3　SCI 的特点

（1）SCI 报道的核心内容不是原始文献，而是原始文献所附的参考文献。它通过先期文献被当前文献的引用，来说明文献之间的相关性及先期文献对当前文献的影响力。

（2）SCI 引文检索的体系独一无二。设置了独特的"引文索引"（Citation Index）体系，通过先期文献被当前文献引用的情况，说明文献之间的关系。这不仅可以从文献引证的角度评估文章的学术价值，还可以迅速、方便地组建研究课题的参考文献网络。

（3）科研机构被 SCI 收录的论文总量，反映整个机构科研的水平；个人的论文被 SCI 收录的数量及被引用次数，反映个人的研究能力与学术水平。SCI 已被世界上许多大学作为评价学术水平的一个重要标准。

（4）利用 SCI 不但能了解何人/机构、何时、何处发表了哪些文章，而且可以了解这些文章后来被哪些人在哪些文章中引用过；了解热门研究领域，掌握学术期刊的国际评价情况，借以确定核心期刊等。

8.2.4　SCI 的结构体系

SCI 由引文索引、来源索引、轮排主题索引三部分组成，其中，引文索引又可分为：作者引文索引，无名引文索引，专利引文索引；来源索引可分为：来源出版物表、团体索引、来源作者索引等。因此，利用 SCI 检索的途径很多，非常方便。

（1）引文索引（Citation Index）。假设有文献 A 和 B，A 文献发表在先，B 文献发表在后，B 文献的作者在其文章中引用了 A 文献，即 A 是 B 的参考文献。A 文献与 B 文献从内容上一定是密切相关的。此时称：A 为 B 的引文（citation）。

引文索引是按引文作者姓名字顺排列，并列出该引文发表的年月，该文献的出处及引用该文献的作者，引用作者发表的文献的出处。

其著录格式，如图 8-1 所示：

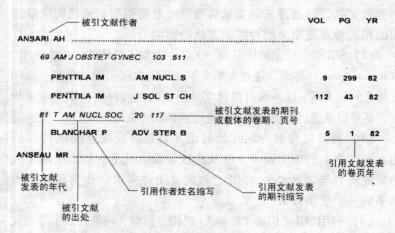

图 8-1

（2）来源索引（Source Index）。来源索引是按来源作者姓名的字母顺排列，若为第一作者，其后列出完整的著录项目；若为合作者，则用"see"指引到第一著者；无著者姓名的文献按出版物名称排在"来源索引"的前面。

来源索引还包括团体索引和来源出版物一览表。

PEZAT M ①

TANGUY B VLASSE M PORTIER J ②

RARE EARTH NITRIDE FLUORIDES ③

J SOL ST CH ④ 18（4）：381－390 80 ⑤ 28R ⑥

LEHIGH UNIV. CTR HL TH SCI. INST PATHOBIOL,

BETHLEHEM. PA 18015 USA ⑦

说明：

①第一来源作者姓名。

②合著者姓名。

③文章篇名。

④来源期刊缩写刊名。

⑤来源期刊的卷（期）、起止页码、出版年。

⑥引用参考文献数。

⑦著者单位和地址。

（3）轮排主题索引（Permuterm Subject Index, PSI）。轮排主题索引是按 SCI 收录文章的题目中出现的具有实际意义的关键词的字顺轮排，在每个主要词（Primary Term）下按配合词（Co－term）字母顺排列，其后列出有关文献的著者姓名。

ACOUSTIC ①

See ION－ACOUSTIC②

See SOUND ②

ABSENCE ③

GOULD PK ④

说明：

①主词。

②参见条目。

②参见条目。

③配词。

④著者姓名。

8.2.5　SCI 的检索

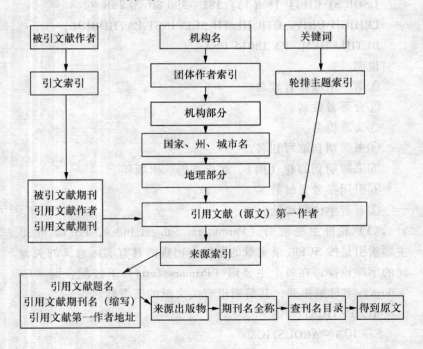

图 8 − 2

8.2.6　SCI 数据库介绍

网络版《科学引文索引》是美国科学情报研究所基于因特网环境的数据库产品。2005 年收录 6300 多种期刊，可通过 ISI Web of Science 进行检索。Web of Science 中包括三种引文数据库：艺术与人文引文索引（Art & Humanities Citation Index）、科学引文索引扩展（Science Citation Index Expanded）和社会科学引文索引（Social Science Citation Index），进入 Web of Science 后选 SCI Expanded 数据库。

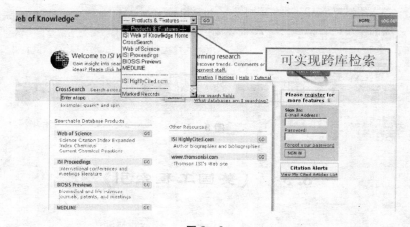

图 8 - 3

Web of Science 提供了普通检索、高级检索和引文检索三种检索方式。普通检索：通过主题、著者、团体著者、来源出版物、出版年和著者地址等六种途径检索来源文献；高级检索：用于复杂检索，可用多字段组合检索；引文检索：通过来源文献后的参考文献检索论文被引用的情况。它可以方便、快速地找到有价值的科研信息，既可以越查越旧，也可以越查越新，全面了解有关某一学科、某一课题的研究信息。

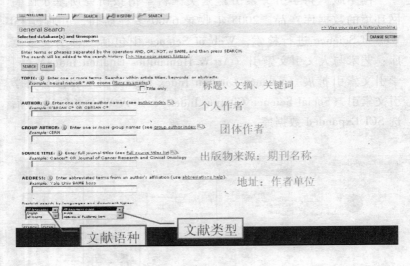

图 8 - 4

8.3 《美国工程索引》

8.3.1 概述

EI 是 Engineering Index（美国工程索引）的缩写，是世界上最著名的三大检索工具之一，也是世界著名的工程技术领域的综合性检索工具。EI 创刊于 1884 年 10 月，创建时由美国工程协会联合会会员华盛顿大学土木工程教授 John Butler Johnson 主编，由美国工程协会联合会下设的工程索引公司编辑出版，发表在该协会的附刊上。后来该协会把 1884～1891 年所发表的索引汇集起来出版了第一卷，定刊名为《近期工程文献叙述索引》，把 1892～1895 年所发表的索引汇集起来出版了第二卷，并改名为《工程索引》，把 1896～1900 年所发表的索引汇集成第三卷，把 1901～1905 年所发表的索引汇集成第四卷。从 1906 年起，由美国工程杂志公司承接出版任务，并将《工程索引》改为年刊，刊名改为《工程索引年刊》。从 1919 年起，美国机械工程师学会购买了《工程索引》的所有权，以工程学图书馆定期收到的工程技术出版物作为报道，并开始采用现刊名《工程索引》。

EI 主要收集工程和应用科学领域方面的文献，主要涵盖的学科包括电子电气、控制工程、机械自动化、原子能、宇航工程、建筑、环境、地质、生物工程、化工、食品工程、工业管理、数学、物理、仪表工程、采矿、材料、石油等，及时报道尖端和新兴学科，收录 5100 余种期刊、会议论文和技术报告的文献，数据来自 50 多个国家和地区，语种达 10 余个，约 22% 为会议文献，90% 的文献语种为英语。EI 以多种形式同时出版，有《工程索引月刊》：报道时差 6～8 周，适合检索最新资料；《工程索引年刊》：每年一卷，报道时差大于 1 年，适合回溯检索；《工程索引缩微胶卷》：1970 年开始出版发行 EI 年刊的缩微胶卷；《工程索引机读磁带》：1960 年开始提供小型机使用的磁带，每月 12 盘；《工程索引光盘数据库》以及网络版。

8.3.2 《EI》的主要特点

（1）收录文献范围广泛，文献质量高。EI 全面报道了工程技术领域内的主要文献，及时报道高精技术和新兴学科，其广度和深度涉及各个学科领域，但对各学科纯理论方面的文献和专利文献不作报道。

（2）报道文献的数量大，覆盖面广。目前 EI 收录 50 多个国家 15 种文字的 5100 余种期刊、会议论文和技术报告以及学术报告、科技图书、年鉴、标准等各种出版物。

（3）编排方式独特，文摘质量高。EI 从主题的角度来揭示文献所论述和研究的对象。按主题词字顺根据《工程标题词表》编排。1993 年以后改用《工程索引叙词表》，文摘条目按其内容分别排列在有关的主题词之下，便于用户检索使用。EI 名为索引，实际上是一种文摘刊物，报道的文献资料是经过专家精选的，具有较高的参考价值，文摘只报道有永久保留价值的文献。

8.3.3 《EI》的编排方法

在 1993 年前，《工程索引》的标题词由主标题词和副标题词两标题词组成。主标题词和副标题词均选自工程信息公司所编制的《工程主题词表》（The Subject Heading for Engineering，SHE）。《工程索引》正文部分是按标题词的英文字顺排列的，文摘条文按其内容分别排列在有关的标题词下。这种编排方式使正文部分本身就可以作为一种主题索引使用，读者可按标题词的字顺直接利用正文途径的检索，并可一次找到文摘。1987 年前《工程索引》中没有设置专门主题索引，读者进行主题途径的检索则是直接利用正文进行的。

从 1993 年起《工程索引》的正文部分是按叙词的英文字顺排列的，文摘条文按其内容分别排列在有关的叙词下。其中用来做标题的叙词均选自 1993 年版的《工程索引》叙词表和 1995 年第二版的《工程索引》叙词表。

例：EI 叙词款目格式：

Computer aided design ①

    DT：January 1983②

UF：CAD③

BT：Computer applications design④

NT：Computer aided logic design⑤

RT：Computer aided analysis

　　　Computer aided engineering

　　　Computer aided manufacturing

　　　Computer graphics⑥

说明：

①叙词（黑体字）。

②DT：表示作为叙词使用的时间。

③UF：表示替代关系，UF 后面为非叙词。

④BT：表示广义叙词（即上位类叙词）。

⑤NT：表示狭义叙词（即下位类叙词）。

⑥RT：表示相关叙词。

叙词表中，除上述参照关系符号外还有 USE，USE 后面为叙词。

8.3.4　《EI》的检索方法

根据《工程索引》的编排，其检索方法如图 8 – 5 所示。

8.3.5　EI Compendex Web

工程索引网络版是《EI Compendex》和《EI PageOne》合并而成的 Internet 版本。该数据库每年新增 50 万条工程类文献。其数据来自 5100 种工程期刊、会议文集和技术报告。

目前，该数据库中化工和工艺的期刊文献最多，约占 15%；计算机和数据处理占 12%；应用物理占 11%；电子和通信占 12%；土木工程和机械工程各占 6%。90% 的文献是英文文献。数据库每周更新。

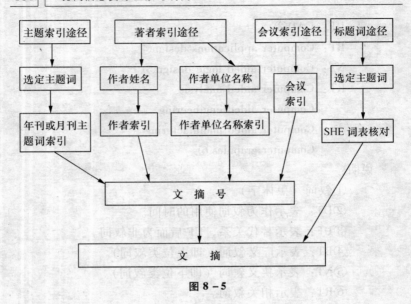

图 8 - 5

《EI Compendex》是全世界最早的工程文摘来源。《EI Compendex》数据库每年新增的 50 万条文摘索引信息分别来自 5100 种工程期刊、会议文集和技术报告。《EI Compendex》收录的文献涵盖了所有的工程领域，其中大约 22% 为会议文献，90% 的文献语种是英文。

EI 公司在 1992 年开始收录中国期刊。1998 年 EI 在清华大学图书馆建立了 EI 中国镜像站。

检索实例：检索 2000 ~ 2005 年与中国有关的反倾销事务

检索表达式：

（anti - dumping or antidumping） and China * and py = 2000 -2005

检索步骤：

①（anti - dumping or antidumping）/Title.

②限制 2000～2005 年。

③检索结果 24 条。

详见第六章外文数据车检索。

8.4　美国《化学文摘》

8.4.1　概述

美国《化学文摘》（Chemical Abstracts），简称 CA，创刊于 1907 年，由美国化学学会化学文摘服务社（Chemical Abstracts of the American Chemical Society，简称 CAS）编辑出版。每年出版 2 卷，每卷 26 期，全年共出 52 期。

CA 历史悠久。自 1907 年创刊以来从未中断，特别是 1969 年具有 140 年历史的德国《化学文摘》并入 CA，使美国《化学文摘》成为世界上历史最悠久的化学文摘。

CA 收录范围广、信息量大。不仅收录化学化工方面的文献，还收录物理、冶金、能源、生物医学、轻工等方面的文献，报道信息来源于 150 多个国家和地区 50 多个语种的近 1.5 万种期刊、会议录、科技报告、档案资料、学位论文、图书、综述和 30 多个国家的专利，每年文献报道量达 100 多万，其中专利约 12.3 万条，占世界化学化工类文献总量的 95%，是世界公认的最大型、最权威的化学化工信息检索工具。

CA 出版迅速、形式多样。从 20 世纪 60 年代开始，CA 的编辑出版工作便开始从传统方法逐步向自动化过渡，到 1975 年第 83 卷开始，CA 的全部文摘和索引都采用计算机编排，全部编印工作实现自动化，从而大大加快了 CA 的出版速度，如北美、西欧等国的出版物报道时差仅为 1 ~ 3 个月，美国专利在发行后 12 小时便可传送到文摘社，所以 CA 具有很强的时效性。CA 自创刊在出版周期、类目设置、文摘著录格式、索引编排等方面不断地调整以期更加完善。随着计算机技术的迅猛发展，CA 的出版形式发生了巨大变化，由单一的书本型逐步过渡到磁带、光盘、网络数据库等多种载体并存。从 1995 年 4 月起，美国化学文摘社开始增加电子文献，推出 CA on CD。近来又开始在中国内地高校推出 SciFinder Scholar 检索系统。

CA 索引体系完备。CA 非常重视索引的编辑出版工作，不断完善索引系统，索引种类现达十几种，为读者提供了多种检索文献的途径，能满足各种从课题出发的检索要求。除期索引外还单独出版与 CA 文摘期刊配套使用的各种卷索引和多年累积索引，方便读者系统地回溯检索，提高检索效率。

8.4.2　印刷版《化学文摘》的编排结构与著录格式

CA 每期分文摘和索引两部分，文摘正文按类目顺序编排，索引按累积期限的长短分为期索引、卷索引、多年累积索引和其他辅助索引。期索引又分为关键词索引、著者索引和专利索引三种。卷索引单独出版，常用的有著者索引、普通主题索引、化学物理索引、分子式索引和专利索引五种。累积索引由卷索引汇编而成，所设索引的种类与卷索引相同。

8.4.2.1　文摘的编排与著录格式

CA 的文摘以报道型文摘为主，文摘正文按分类编排，现在 CA 的类目设置分为五个部分，80 个类目。每个类目之前有类目说明，对该类目的内容和相关的类目作简要介绍，在各期的目次页上列有各类目的名称及起始文摘号，按此号即可在正文中找到该类目下的全部文摘款目。

第一部分：生物化学（Biochemistry Sections）（1~20类）

第二部分：有机化学（Organic Chemistry Sections）（21~34类）

CA 主体内容出版体系

	索引		
文摘	期索引	卷索引	累积索引（5年或10年累积）
	关键词索引	著者索引（A）	著者索引（A）
	著者索引	普通主题索引（GS）	普通主题索引（GS）
	专利索引	化学物质索引（CS）	化学物质索引（CS）
		分子式索引（F）	分子式索引（F）
		专利索引（P）	专利索引（P）
		环系索引	环系索引

第三部分：高分子化学（Macrocmolecular Chemistry）（35~46类）

第四部分：应用化学和化学工程（Applied Chemistry and Chemical Engineering Sections）（47~64类）

第五部分：物理化学、无机化学和分析化学（Physical Inorganic and Analytical Chemistry Sections）（65~80类）

在每个类目下文摘的编排又分四个部分：期刊论文（包括

会议文献、科技报告、学位论文等)、图书、专利文献和参见项目,每部分之间用"……"加以分隔。

CA 将收录的每条文摘按其内容性质编排在每期相应的类目之中,若有文摘内容跨类情况则排入文摘所属主要类目中,而在次要类目中以参见方式列出。在每一类之下,文摘的编排顺序如下:

(1)期刊论文。包括会议录、资料汇编、科技报告和学位论文等的文摘。

(2)新书及视听资料报道,只有题录,无文摘。

(3)专利文摘。

(4)相互参见。

CA 报道的文摘各有不同,但其著录格式却大同小异,本书以期刊论文和会议论文著录格式为例。

期刊论文著录格式:

130:248995v① Calculation of the Hydrodynamic Contribution to Peak Asymmetry in High – performance Liquid Chromatography U-sing the Equil ibrium – Dispersive Model . ② Stanley, Brett J. ; Savage, Theresa L. ; Geraghty, Jennifer J. ③ (Department of Chemistry, Califormia, State Unviersity, San Bernardino CA, 92407 – 2397, USA) . ④ Anal. Chem. ⑤ 1998, 70 (8), ⑥ 1610 ~ 1617 ⑦ (Eng) ⑧, American Chemical Society. ⑨

说明:①CA 的卷号、文摘号。②文摘题名。③著者姓名。④著者单位名称及地址。⑤期刊刊名。⑥出版年、卷期号。⑦页码。⑧语种。⑨出版者。

会议录著录格式:

130:250850n①Grain area distributions in evolving thin films. ② palmer, M. A. ; Glicksman, M. E. ; Rajan, K. ③ (Rensselaer

Polytechnic Institute, Troy, NY, 12180, USA). ④Solidif. 1998, Proc. Symp. TMS Fall Meet TMS Annu. Meet. 1997～1998 ⑤（Pub. 1998）⑥51～62⑦（Eng）⑧Edited by Marsh, Steven P. ⑨Minerals, Metals & Materials Society, Warrendale, Pa. ⑩

　　说明：①～④同前（从略）。⑤会议录或论文集名称及时间。⑥会议录或论文集出版年份。⑦会议录或论文集中的页码。⑧原文文种。⑨编辑姓名。⑩出版商名称。

8.4.2.2　索引的编排与著录格式

　　CA 收载文献量急剧增加，索引的种类也随之不断增加，先后编过 12 种索引，为检索者提供了多方面的检索途径。每期 CA 期末附有关键词索引、专利索引及著者索引。每卷有著者索引、专利索引、主题索引、分子式索引、环系索引等，每隔 10 年或 5 年出版一次累积索引。此外，还有索引指南、登记号索引、资料来源索引等指导性索引。总的来说，CA 检索体系由四个部分组成：期索引、卷索引、累积索引和指导性索引。

　　（1）期索引。期索引随文摘出版，是查阅本期文摘的辅助工具。目前，CA 的期索引由关键词索引、专利索引和著者索引三个部分组成。

　　1）关键词索引（Keyword Index）。关键词索引从 1963 年第 58 卷起开始编制，用于从主题途径查找确定课题的最新文献。关键词取自 CA 所收录的文献标题、内容摘要和正文之中。同一文献的关键词索引可按字顺顺序轮排并常用缩写词。例如：

Material①
　　Optical review book② 259167a③
　　……　……
Optical①
　　Color recording sheel② P④ 259648h③

material review book② 259167a③

说明：①索引词（作为检索点的关键词）。②其他关键词（作为说明语的关键词）。③文摘号。④文献类型代号，位于文摘号前。P代表专利，此外还有R和B分别表示评论和图书。

2）专利索引（Patent Index）。专利索引从1981年第94卷开始编制，取代了原有的专利号索引和专利对照索引。若已知专利号，则可用此索引查阅CA收录的专利文献以及该专利的全部同族专利。

专利索引条目的编排顺序是：先按专利号的国别代码字顺序排列。例如：

JP（Japan）①

01/006065② A2③ （01/040064 B4） ④ ［89 06065］ ⑤，110：214817k⑥

01/006207 B4，see DE 2820860 A1

……   ……

FR2420670 A1（B1）⑦

FR2619561 A1（Related）⑧ 111：183903Z

……   ……

US 48730A（Cotinuation：Related）⑨

说明：①国别代码。②专利号。③专利文献类型代号。④该件专利的另一级专利文献号。⑤用公元年表示年代的专利号。⑥CA的卷次、文摘号。⑦同族专利中的相同专利。⑧同族专利中的相关专利。⑨同族专利中的部分相关专利。

3）著者索引（Author Index）。著者索引自CA创刊起就开始编制，它将CA本期所收录文献的著者姓名（包括个人、团体、发明人、授让人等不分第一著者和合著者）一律以姓前名后的方式按字顺排列。索引中非拉丁字母的著者姓名译成拉丁文，中国著者的姓名用汉语拼音进行转译。

例如：

John G R① 252169u②

…　　　…

Johnson R. l①. 257205n② 255950c②

说明：①著者姓名。②文摘号。

（2）卷索引。CA 的卷索引随卷单独出版，与期文摘（共 26 期）配套使用。CA 的索引有文摘本索引、年度累积索引和多年累积索引等三种。索引的品种总数很多，但有多次变动。目前，文摘本索引有关键词索引、作者索引、专利索引。年度累积索引中常用的索引有：化学物质索引、普通主题索引、作者索引、分子式索引、专利索引等。除以上所列索引外，CA 还出版索引指南、登记号手册、资料来源索引等辅助检索工具。CA 另外还定期出版多年累积索引，计有 1907～1957 年的十年累积索引和 1957 年以后的五年累积索引。多年累积索引的索引设置与年度累积索引相同。使用 CA 年度累积索引时要注意书脊上提示的年份要与文摘本一致。

例：CA 的年度累积索引图例：

1）化学物质索引（Chemical Substance Index）。化学物质索引是检索有关化学物质文献的工具。凡经此索引报道的化学物质必须具备三个条件：即组成原子及其数目已知；分子价键清楚；主体化学结构明确。

符合上述条件的化学物质包括：①所有已知的元素和化合物及其衍生物。②确定组成的金属合金。③已知成分的矿物。④已知化合物的混合物和聚合物。⑤已知的抗菌素、酶、激素、蛋白质和多糖类。⑥大多数基本粒子。

117CS1	117F1	117GS1	117P	11IG1
CHEMICAL **ABSTRACTS**	**CHEMICAL** **ABSTRACTS**	**CHEMICAL** **ABSTRACTS**	**CHEMICAL** **ABSTRACTS**	**CHEMICAL** **ABSTRACTS** **11**th Collective Iindex
Volume 117 CHEMICAL SUBSTANCE INDEX （A-Benzob）	Volume 117 FORMULA INDEX （A-c13）	Volume 117 GENERAL SUBJECT INDEX （A – E）	Volume 117 PATENT INDEX	Vols. 96 – 105 1982 – 1986 **INDEX** **GUIDE** **A – M**
1992	1992	1992	1992	

该索引以化学物质的名称为索引标题（主标题），设有 23 个副标题，先按主标题的字顺排列，相同主标题下再按副标题的字顺排列。例如：

Phenol① ［108 – 95 – 2］ ②, analysis③

　Detn. Of.

　　In air and waste gases，automated spectrometric system for，200043s

　　… …

Phenol① ［108 – 95 – 2］ ②, use ③

　　In detn. Of chloroformate by titrn④. , p 268410g⑤

说明：①索引标题词。②化学物质登记号。③副标题词。④说明语。⑤文摘号。

2）普通主题索引（General Subject Index）。普通主题索引是把不属于特定化学物质（包括概念性主题和化学物质类）的索引条目与相应的 CA 文摘号并联在一起，内容大致包括：①化学物质的大类。②化学成分未能完全确定的物质。③矿物岩石。④物化概念和现象。⑤化学反应。⑥化工过程和设备。⑦生物化学主题。⑧动植物名称。

Proteins①，properties②

　　Prediction of，③167102f④

说明：①索引标题词。②副标题词。③说明语。④文摘号。

化学物质索引与普通主题索引原为同一种索引——主题索引，自 1972 年第 76 卷起才分为两种，因而两种索引间有着密切的联系，除著录格式相同外，两种索引都采用 7 个普通副标题词：分析、生物学研究、反应存在、制备、性能、反应、用途及其他，16 个化学功能及副标题词。检索时要注意将"化学物质索引"和"普通主题索引"结合使用，以扩大检索范围。

3）分子式索引（Foemula Index）。分子式索引从 1920 年起开始编制，是在已知化学物质分子式的情况下检索有关化学物质文献的工具。索引中化合物分子式的表示方式不是通常实际反映元素间相互结合的分子式，而是把相同元素集合在一起按 Hill 系统排列，即先排（C）、再排（H），其他元素按英文字母顺序排列。例如：H_2CO_3 在分子式索引中排为 CH_2O_3。

C_3HgS①

　　Sulfonium，② trimethyi – ③ ［676 – 84 – 6］，④ 154109p⑤

　　Methyl sulfate② ［2181 – 44 – 4］，④ p85237q⑤

　　Salt with N – （phosphonomethyl）glycine ［1:1］ ⑥
　　　　［81591 – 81 – 3］，④ 85127d，106297b. ⑤

说明：①Hill 体系分子式。②化学物质的母体或化学物质名称。③取代基。④化学物质登记号。⑤文摘号。⑥说明语。

4）著者索引（Author Index）。CA 的卷著者索引的编排方法与期著者索引基本相同，只是卷著者索引仅在第一著者的姓名下给出文摘号和文献篇名，其他著者名下则用"see"的方式引见第一著者。例如：

Wilson，Ale ①

    Results of conort and industrial hygiene studies of mild steel workers

    NIOSH（USA），② 22474③

Wilson，Anders① see Andersson，Thomres. ④

说明：①著者姓名。②文献篇名。③CA 文摘号。④参见第一著者姓名。

5）专利索引（Patent Index）。专利索引是由其前身专利号索引和专利对照索引于 1981 年第 94 卷合并而成。卷专利索引的作用、著录格式和使用方法与期专利索引完全一致，只是包含文献的时间范围不同。

6）环系索引（Index of Ring System）。环系索引从 1967 年第 66 卷起随卷单独出版，它是基于环化合物母体骨架结构编制的一种索引，主要用于查找已知结构式的环状化合物的母体名称，从而在化学物质索引标题下寻找带有取代基的欲查物质。

该索引先按环状化合物中环的个数排列，在环的个数相同的情况下再按环的原子数及主要元素的成分排列。例如：

3 – RING SYSTEMS①

5，6，6②

$C_4N - C_6 - C_6$③

1，4 – Azadispiro（5，1，2）pentadecane④

说明：①环的数目。②环的大小。③环架上主要元素的成分。④环状化合物的名称。

环系索引不提供文摘号，因而不能直接检索文摘，它是化学物质索引的辅助工具。

7）杂原子索引（HAIC Index）。杂原子索引从 1967 年 66 卷起开始编制，到 1975 年第 75 卷停刊。它包括除了只含碳氢的化合物以外的所有带杂原子的化合物，其作用是从化合物中的任一杂原子入手，查明该卷分子式索引中有无此化合物，从而决定有无转查分子式索引的必要。

索引分左、中、右三栏排列，中栏为杂原子，左右两栏是化合物的其他部分。先按中栏杂原子的字顺排列，相同杂原子下再按其所含的原子数目由少到多的顺序排列。一种化合物含几种杂原子就在索引中出现几次。例如：

左栏   中栏   右栏

…   …

$C_{11}H_{18}$ N $C_7H_7O_3S$

…   …

杂原子索引不提供文摘号，不能直接检索文献，是分子式索引的辅助工具。

8）登记号索引（Registry Number Index）。CAS 从 1965 年起将已确定化学组成的化学物质登记下来，每种化学物质给予一个由三组数字构成的登记号，作为永久性标志。登记号索引起于 1969 年第 71 卷，到 1972 年第 76 卷起停刊，改为登记号手册，其编排与使用方法与登记号索引相同。

登记号索引以化学物质的登记号作为索引标题，按登记号的大小顺序排列。利用此索引可查出某化学物质索引或分子式索引。是化学物质索引和分子式索引的指导性工具。例如：

31457 – 71 – 3 ① Carbazic acid, 3 - isopropyl—, methyl

ester②

$C_5H_{12}N_2O_2$③

      …   …

说明：①化学物质登记号。②CA 选用的化学物质名称。③分子式。

（3）其他索引。

1）索引指南。索引指南自 1968 年第 69 卷起开始出版，是指导读者正确使用化学物质索引和普通主题索引的工具，利用索引指南可以查找化合物在 CA 中的规范命名、结构式图解，普通主题在 CA 中选用的主题词等，分为正文和附录两部分。

①通过"见"（see），把 CA 不作为检索用词的同义词及某些化合物的俗名、习惯名、商品名等引见到 CA 所采用的规范化标题词。

②通过"参见"（see also），指引出检索课题的相关标题词，以扩大检索范围。

③通过"注释"（Notes），帮助检索者弄清索引标题的确切含义以及它们之间的区别和联系，以便正确使用。

2）资料来源索引（CAS Source Index）。资料来源索引中将 CA 所录用的刊物名称以及有关刊物的其他信息（如出版发行者、收藏单位等）收集起来，按刊名的顺序排列而成的一种索引。利用此索引可将 CA 文摘款目中的刊名缩写（主要指期刊论文、会议文献和档案资料汇编等三种文献的出版刊物）转换成刊名全称，以便获取原始文献。如：

Jurnal of Experimental Biology. ① JEBIAM ② （Formerly Brit. J. Exp. Biol）. ③ In Engl; Engl sum. ④ V7 1930 + , ⑤ bm⑥ 48. 1. F. 1968, ⑦ $ 14. ⑧ Cambridg, ⑨ JOURNAL OF EXPERIMENTAL BIOLOGY. LONDON. ⑩ AAP; MU－M; AKU 1930－

1938，1944 + …

说明：①出版物的全称。②出版物代码。③该出版物原来的名称。④出版物中原文和摘要的文种。⑤出版物历史。⑥出版周期。⑦查出文献所在卷、期及年份。⑧价格。⑨出版社地址。⑩图书馆编目。

8.4.3 CA 的检索方法

CA 的索引体系非常完备，为用户检索化学、化工文摘提供的检索途径也比较多，归纳起来有以下 5 种：

（1）主题途径：这是常用的方法，是几种检索途径中最重要的途径，任何文献都可以用主题途径进行检索。首先，根据课题内容选出主题词或关键词，然后利用"化学物质索引"、"普通主题索引"、"关键词索引"检索出文摘号，再根据文摘号查阅所需资料，尤其利用卷索引、累积索引系统查找有关某一课题资料时，效果明显。

（2）分类途径：根据检索课题的材料性质，确定其所属类号，从每期文摘正文前的"目次表"，我们可知该类目的起始号码，然后到所属类目下逐条查阅有关的文摘，从中选出合适的资料。这种方法查检效率不是很高，有漏检的可能，一般用于浏览近期的文摘。

（3）作者途径：在已知作者的情况下方便又迅速，很容易掌握。

（4）号码途径：在已知号码的情况下，可利用"专利索引"、"登记号索引"查询。

（5）分子式和环系途径：在查找有机化学、生物化学和医药方面化学结构复杂的物质时，可使用"分子式索引"、"环系索引"、"杂原子索引"。

CA 各种索引利用关系见图 8 – 6。

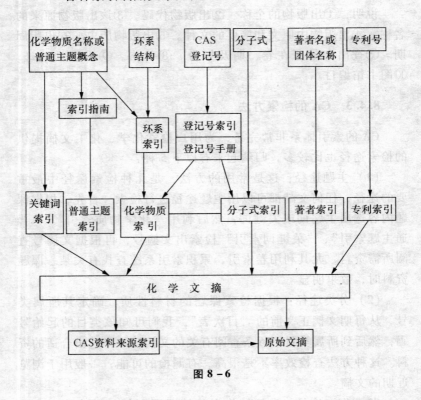

图 8 – 6

9 特种文献检索

9.1 科技报告检索

科技报告（Science & Technical Reports）是对科学、技术研究结果的报告或研究进展的记录。它是科研成果的总结，注重详细记录科研进展的全过程。许多最新的研究成果，尤其是尖端学科的最新探索往往出现在科技报告中。大多数科技报告都与政府的研究活动、国防及尖端科学技术领域有关，所报道的内容一般必须经过有关主管部门的审批与鉴定，因此具有较好的成熟性、可靠性和新颖性，是一种非常重要的学术信息资源。它往往代表一个国家或专业的科研水平。

9.1.1 科技报告的特点

（1）种类多，数量大。科技报告几乎涉及整个科学技术领域，全世界每年出版的科技报告数量达上百万件，其中美国最多，其次为英国。

（2）内容新颖、专深具体。它报道的题目大都涉及尖端科学的最新研究成果，包括各种研究方案的选择和比较，各种参考数据和图表，内容具体。

（3）形式特殊。出版无规律，但每份单独成册，同一单位、同一系统或同一类型的科技报告都有连续编号，每篇报告有自己的号码且有密级的规定，多数不公开发行。

9.1.2 科技报告的类型

科技报告可从不同角度进行分类。

（1）按出版形式划分：

①技术报告（Technical Report）指公开发行出版物，内容较详尽完整，一般为科研成果的技术总结。

②技术札记（Technical Notes）指科研过程中的临时记录和小结，是编写报告的素材，也是科技人员编写的专业技术文件。

③备忘录（Memorandum）内部使用，限制发行。包括原始试验报告，有数据及一些保密文献等，供行业内部少数人沟通信息使用。

④技术论文（Technical Paper）指准备在学术会议或期刊上发表的报告，常以单篇形式发表。

⑤译文（Translations）译自国外有参考价值的文献。

（2）按研究进度划分：

①初期报告（Primary Report），研究单位在进行某研究项目的一个计划性报告。

②进展报告（Progress Report），报道某项研究或某研究机构的工作进展情况。

③中间报告（Interim Report），报道某项研究课题某一阶段的工作小结以及对下一阶段的建议等。

④最终报告（Final Report），科研工作完成后所写的报告。

（3）按报告的性质划分：

①保密报告（Classifical），按内容分成绝密、机密和秘密三个级别，只供少数有关人员参阅。

②非保密报告（Unclassifical），分为非密限制报告和非密公开报告。

③解密报告（Declass②fical），保密报告经一定期限，经审查解密后，成为对外公开发行的文献。

9.1.3 科技报告的代号

每个科技报告都有一个编号，是科技人员进行检索的途径之一。但各系统、各单位的编号方法不完全相同，代号的结构形式也比较复杂，归纳起来可分为如下几种：

（1）出版、发行机构代号：机构代号是科技报告编号的主要部分，一般以出版机构名称的首字母标在报告号前。如PB——美国商务出版局等。

（2）科技报告出版形式代号：利用缩写字母表示。如TM——技术备忘录等。

（3）密级代号：代表科技报告的保密情况。如 ARR——绝密报告、S——机密报告、C——保密、R——控制发行报告、U——非保密报告。

（4）分类代号：用字母表示报告的主题分类。如 P——物理学。

（5）日期代号和序号：用数字表示报告出版发行年份和报告的顺序号。如 AFCRL－82－460（机构、出版年、报告序号）。

9.1.4 中文科技报告检索

在我国，科技报告主要是以科技成果公报或科技成果研究报告的形式进行传播交流。自 20 世纪 60 年代开始，国家科委（现国家科技部）就开始根据调查情况定期发布科技成果公报和出版研究成果公告。

（1）《科学技术研究成果公报》：月刊，1981年创刊，由国家科技部所属的中国科技信息研究所出版，公布国家科委登记的国家级重大科技成果，是专门报道和检索《科学技术研究成果》的工具。著录内容包括科技成果名称、登记号、分类号、部门或地方编号、基层编号及密级、完成单位及主要人员、工作起止时间、推荐部门、文摘内容等。以摘要形式公布我国较大的科研成果。每期内容分五大类：农业、林业；工业、交通及环境科学；医药、卫生；基础科学；其他。检索工具还有"分类索引"和"完成单位索引"等。

（2）《中国机械工业科技成果通报》：月刊，机械工业部科技信息研究所主办，主要报道基础理论研究成果、科研成果、新产品研制成果、软科学成果、专利成果等，按类编排。

（3）万方数据资源系统。

1）中国科学技术成果数据库（CSTAD）。收录范围包括国内的科技成果与专利、国家级科技计划项目。内容涉及化工、生物、医药、机械、电子等专业及实用技术，到2002年总量超过27万条，年更新2万~3万条，是国内最具权威性的技术成果数据库。

2）重大成果数据库。

3）全国科技成果交易数据库。

9.1.5 美国政府四大科技报告

美国是产生科技报告的主要国家之一，每年出版的科技报告约占世界总量的80%左右。世界上著名的科技报告就是美国的四大报告：

（1）美国政府的PB（Office of Publication Board）报告：主要收集美国政府科研机构、公司企业、高等院校研究所等科技报告。内容侧重于各种民用工程技术，文献类型齐全，均属公开资料，无密级。1979 年以前的报告采用"PB + 号码"，1980 年以后改用"PB + 年代 + 顺序号"。

（2）军事系统的 AD（ASTIA Documents）报告：1951 年开始出版，主要是美国陆海空三军科研机构的报告，也包括公司企业及外国的科研机构和国际组织的研究成果及一些译自苏联等国的文献。AD 报告的内容不仅包括军事方面，也广泛涉及许多民用技术，包括航空、军事、电子、通信、农业等 22 个领域。

报告号的编号方法起初采取混排，后在 AD 后再加一个字母，以区分不同密级，如：AD - A 表示公开报告、AD - B 表示内部限制发行报告、AD - C 表示秘密、机密报告等。

（3）国家宇航局的 NASA（National Aeronautics and Space Administration）报告：NASA Langley Technical Reports 超过 2500 篇报告，主要报道内容侧重于航空和空间技术领域，同时广泛涉及许多基础学科和技术学科。NASA 报告的编号为："NASA + 年代 + 顺序号"。

（4）能源部的 DOE（U. S. Department of Energy）报告：是美国能源部下属科研机构、能源情报中心、公司企业、学术团体发表的技术报告。主要内容包括能源保护、矿物燃料、环境与安全、核能、太阳能与低热能、国家安全等。DE 报告的编号为："DE + 年代 + 顺序号"。

9.1.6　美国四大科技报告的网上检索

（1）http：//graylit. osi. gov/网站包括以下五个数据库：

1）Defense Technical Information Center（DTIC）Report Collection 提供解密文件，超过 36000 篇全文报告，内容涉及国防研究和基础科学。

2）DOE Information Bridge Report Collection 超过 65000 篇报告，内容涉及物理、化学、材料、生物、环境科学及能源。

3）EPA – National Environmental Publications Internet Site（NEPIS）超过 7000 篇报告，内容涉及水质、废水、生态问题、湿地等。

4）NASA Jet Propulsion Lab（JPL）Technical Reports 超过 9300篇报告，内容涉及推进系统、外太空进展、机器人等。

5）NASA Langley Technical Reports 超过 2300 篇报告，内容涉及航天、太空科学等。

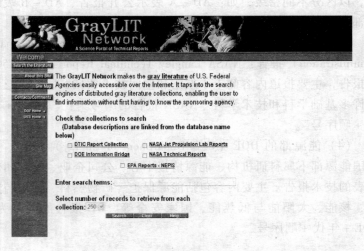

图 9 – 1

（2）美国国家技术情报服务局（NTIS）数据库。NTIS 是美国国家技术情报服务处（National Technical Information Service）的缩写，通过它可检索美国政府报告的数据库。该数据库主要报道美国政府及其合同单位提供的科技报告，包括全部的 PB 报告、公开和解密的 AD 报告及部分 NASA 和 DE 报告。此外，还报道收集到的其他国家的科技报告，包括项目进展过程中所做的一些初期报告、中期报告和最终报告等，反映政府重视的项目进展。该数据库 75% 的文献是科技报告，包括美国农业部、教育部、环保局、健康与人类服务部、住房与城市部等的科技报告；其他文献有专利、会议论文、期刊论文、翻译文献等。25% 的文献是美国以外的文献，如加拿大、前苏联、日本、德国和欧洲各国以及一些国际组织的报告。90% 的文献是英文文献，专业内容覆盖科学技术各个领域，检索结果为报告题录和文摘。

通过美国国家技术情报服务处的网站可以免费对该数据库进行检索，可查询 1996 年以来的共 60 多万条记录，但每次检索只能得到 100 条记录。网址：http://www.ntis.gov。

图 9 - 2

（3）美国能源部数据库。这里能够检索并获得美国能源部提供的研究与发展报告全文，内容涉及物理、化学、材料、生物、环境和能源等领域。网址：http：//www. doe. gov/。

9.2 学位论文检索

学位论文是一般高等院校或学术研究机构的学生为取得相应学位资格而撰写的学术性论文。它是学位制度的产物，英国习惯称之为 Thesis，美国称为 Dissertation。包括学士论文、硕士论文和博士论文。

9.2.1 学位论文的特点与作用

（1）特点：

1）出版形式特殊：学位论文的目的只是供审查答辩之用，一般都不通过出版社正式出版，而是以打印本的形式储存在规定的收藏地点，且每篇论文打印的数量均不多。

2）内容具有独创性：学位论文一般都具有独创性，探讨的课题比较专深。但因学位论文有不同的等级，故水平参差不齐。通常情况下，所谓学位论文习惯上只限于硕士和博士论文。

3）数量大，难以系统地收集、管理和交流：随着科学技术的迅速发展，学位教育越来越受到各国的高度重视。仅美国每年就授予硕士学位学生达 30 万人，博士学位学生约 3 万人。因学位论文一般在各授予单位或指定地点才有收藏，收集起来比较困难。

（2）作用：

1）帮助研究生确定论文的选题和研究方向，以避免重复；

2）帮助教师从中选取研究生教育和本科生教育的教学参考资料；

3）帮助科研人员了解有关课题的研究动态和借鉴有关的理论与方法。

对学位论文的利用，各个国家重视程度不同，欧美各国高度重视。美国专门成立提供学位论文的复制公司，定期报道重点大学的博、硕论文的题目和文摘。英国则规定学位论文统一藏于英国图书馆的国家外借图书馆内，提供复印服务和原文的缩微胶片。日本的学位论文分国立和私立两种，国立收藏于国家图书馆，私立的收入颁发学位的院校图书馆。我国的学位论文由各院校图书馆收藏。

9.2.2　国内学位论文检索

（1）CNKI 中国优秀博硕士学位论文全文数据库（CDMD）。网址：http：//www.cnki.net/。数据库收录具有博士学位授予权的学科点的全部博士学位论文和具有博士学位授予权的学科点的优秀硕士学位论文以及有学科和研究特色的学科点的优秀硕士学位论文，截至 2006 年年底收录博士论文 6 万余篇、硕士论文近 29 万篇。数据库连续动态更新，每年收录全国 300 多家博士培养单位的优秀博、硕士学位论文约 28000 篇。

论文覆盖范围：理工 A（数理化天地生）、理工 B（化学化工能源与材料）、理工 C（工业技术）、农业、医药卫生、文史哲、经济政治与法律、教育与社会科学、电子技术与信息科学等方面。数据库提供主题、题名、关键词、摘要、作者、学位授予单位、导师、参考文献等检索字段 23 个，可进行章节下载、整本下载、分页下载、在线浏览等多种下载方式。

（2）万方数据——中国学位论文数据库——全文型数据库。

收录国家法定学位论文收藏机构中国科技信息研究所提供的自1980 年以来自然科学领域各高等院校、研究生院及研究所的博士后、博士及硕士研究生论文 50 万篇文摘，近三年的 20 万篇全文，每年增加 3 万篇。论文收录字段包括：论文标题、作者、作者专业、授予学位、导师姓名、关键词、文摘、授予学位单位等，并附有相关链接。

（3）国家科技图书文献中心 National Science and Technology Library（NSTL）的中文学位论文查询。网址：http：//www. nstl. gov. cn/nstl/user/ywjsdg. jsp，是中国目前提供科技文献信息服务的一个大型网络服务系统，中文学位论文数据库包括中国科学技术信息研究所收藏的自然科学领域学位论文 37 万余条记录。网上文摘均可以免费检索，面向注册用户提供收费全文服务。

（4）中国研究生网：http：//cgkn. chinajournal. net. cn。

（5）中国研究生招生信息网：http：//www. chinayz. com. cn。教育部高校学生司主办，有招生信息发布、招生专业目录等相关信息，具有权威性。

9.2.3   国外学位论文检索

9.2.3.1   PQDD（ProQuest Digital Dissertation）博、硕士论文数据库

网址：http：//www. lib. umi. com/dissertations。

PQDD 数据库是美国 UMI 公司出版的世界著名学位论文数据库，收录世界范围内 1000 多所著名大学的文、理、工、农、医等领域的 160 万博、硕士论文的全文、摘要及索引。是学术研究中十分重要的参考信息源。每年约增加 4.7 万篇博士论文和 1.2 万篇硕士论文，可免费检索近两年的论文摘要和论文前 24 页的内容。

在 PQDD 数据库中，提供基本检索（Basic Search）、高级检索（Advanced Search）和浏览（Browse）三种检索功能。

（1）基本检索（Basic Search）。基本检索功能，对于一般性的题目或者是关键字检索来说，只需在文本框中输入检索词或词组即可。可在文本框右侧的下拉菜单中选择所需字段，如选择标题（Title）字段，检索词将在文章的篇名中出现。也可以通过使用布尔算符来进行复杂的检索。该检索页面同时具有按日期进行检索的能力，方法是在"Degree Date from"后填入起止日期。在填完了要检索的内容后，请点击"Search"键，即可得到检索结果。

检索字段包括关键词（Keyword）、作者（Author）、标题（Title）、摘要（Abstract）、授予学位单位（School）、主题（Subject）、导师（Adviser）、授予学位（Degree）、DAI 分辑号（Dissertation Volume/Issue）、国际标准书号（ISBN）、论文语言（Language）和出版号/订购号（Publication/Order Number）。关键词字段是默认字段。

（2）高级检索（Advanced Search）。允许使用比基本检索更多的词，根据检索课题的详细要求，采用命令检索方式，用布尔逻辑算符、位置算符和介词算符将检索词组合起来进行检索，可以得到更准确的结果。

例如：检索哈佛大学 2000 年以后有关财政金融方面的学位论文：

检索表达式：ti（finance）and sc（Harvard）and date（> = 2000）

检索结果：有 6 篇符合要求的文章。

（3）浏览检索（Browse）。在 PQDD 检索系统的首页上有一个"Browse"按钮，点击之后，系统提供树形主题浏览及每一级

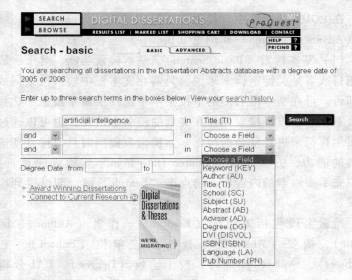

图 9 - 3

主题下的论文分布情况。点击主题后可继续查看下一级类目文章篇数，然后按类进行检索。

9.2.3.2　国家科技图书文献中心（NSTL）的国外学位论文查询

　　网址：http：//www. nstl. gov. cn/nstl/user/ywjsdg. jsp。

　　外文学位论文数据库收录了美国 ProQuest 公司博、硕士论文资料库中 2001 年以来的优秀博士论文。学科范围涉及自然科学各专业领域，并兼顾社会科学和人文科学。该数据库将每年递增约 20000 篇最新博士论文，更新时间为每年年底。

　　产品形式：WEB 版（网上包库）、镜像站版、光盘版、流量记费。

　　更新频率：CNKI 中心网站及数据库交换服务中心每日更新，

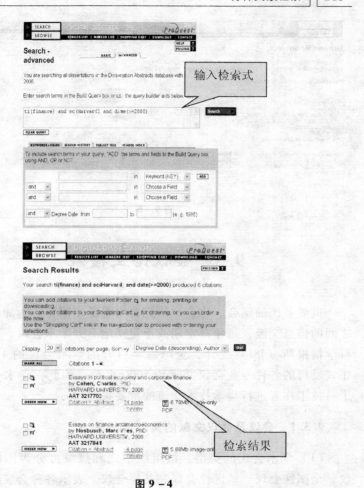

图 9 - 4

各镜像站点通过互联网或卫星传送数据可实现每日更新，专辑光盘每季度更新。

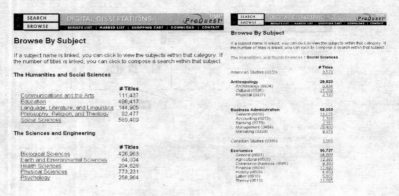

图 9 – 5

9.3 会议论文检索

世界各国的学会、协会、研究机构等学术团体，为加强同行之间的信息交流，每年都定期或不定期地召开学术会议。据美国科学情报所（ISI）统计，全球每年召开的学术会议约 1 万场，正式发行的各种专业会议文献约 5000 多种。因此，学术会议成了科技工作者进行科学技术交流的重要渠道。

9.3.1 会议及会议文献的类型

（1）学术会议的类型。按组织形式和规模可分为国际性会议、全国性会议、地区性会议和基层会议。表示各种会议的英文标识通常有：Conference（会议）、Congress（代表大会）、Convention（大会）、Symposium（专业讨论会）、Colloquium（学术讨论会）、Seminar（研究讨论会）、Workshop（专题讨论会）。

（2）会议文献的类型。会议文献一般指各学科领域的学术会议上宣读的论文、产生的记录以及发言、评述、总结等材料。许多学科中的新发现、新进展、新成就以及所提出的新研究课题和新设想，往往以会议论文的形式做首次发布。具有专业性强、学术水平高、内容新颖、信息量大、可靠性强、出版速度快及发行方式灵活等特点。在文献情报源中，会议文献的重要性和利用率仅次于期刊，越来越受到广泛的重视。

1) 会议文献按出版时间划分：会前文献：会议日程、会议议程、会议论文预印本和论文摘要等；会间文献：会议期间发给与会者的材料；会后文献：指会议结束后，由主办单位（其他机构）整理、编辑出版的正式文献。

2) 会议文献按出版形式划分：图书：一般称为会议录，且多以会议名称作为书名或书名最重要的组成部分；期刊：一般是把会议论文由会议主办者推荐到专业刊物上发表，也有以副刊或增刊形式出版的论文集或附在主办会议的学会主办的刊物上作为特辑出版；科技报告：有些会议录常编入科技报告，如著名的美国四大科技报告中就有相当数量的会议录；视听资料：有些学术会议不仅出版会议录，还出版声像资料等；网络：现在许多学术会议都开设自己的网站，在网络上发表有关的会议文献。

9.3.2 会议文献的特点

（1）内容新颖，及时性强，反映了当前学科进展和发展的最新动向。

（2）学术水平高，专业性强。

（3）数量庞大，内容丰富。

（4）可靠性高，出版形式多样。

9.3.3　会议文献的检索工具

（1）《世界会议》（World Meetings）由美国世界会议情报中心公司（World Meetings Information Center Inc.）出版，季刊。主要预报两年内世界各地将要召开的科学技术方面的国际会议信息，涉及世界上100多个国家和地区的2000多个专业会议。共分四分册出版：《世界会议：美国和加拿大》、《世界会议：美加以外的国家和地区》、《世界会议：医学》、《世界会议：社会与科学、教育与管理》，内容包括自然科学、工程技术、医学和社会科学。检索前要准确地选择符合需要的分册。《世界会议》是一种具有代表性的预报会议情况的刊物，它把2年的时间分成8个阶段，每当发行新的一期时，要在上期的基础上追加未来3个月的信息，并相应地删除过去3个月的信息。

《世界会议》各分册的正文部分内容有：登记号，会议名称，会址，主办单位，联系人或单位，讨论内容，出席人数，论文提交日期、截止日期和寄送地址，预定出版的会议资料以及有无同时举办展览等。

（2）《已出版的会议录指南》（Directory of Published Proceedings）由美国英特多克公司编辑出版，是一种专门收录会议录出版情况的期刊。报道世界各国学术会议名称、日期、地点、主办单位、会议文献主题及出版形式（如预印本、会议录等）、定价。主要收集单行本会议录，同时还收集研究报告、期刊、专论、丛书中的会议论文。该指南分为三个分册：《工程、医学和技术分册》，月刊，有年度累积索引和累积索引补篇；《社会、人文科学分册》，季刊，有年度累积索引和累积索引补篇；《污染控制、生态学分册》，半年刊，它是从前两个分册中选出有关部分重编而成的。各分册的正文部分按会议时间顺序摘录每次会议的日期、会议地址、会议名称、主办者、会议录出版者、订购号、价格、会议录名称、在期刊中发表的会议论文的出处等事项。

（3）《会议论文索引》（Conference Papers Index）由美国数据快报公司创刊，1981年改由美国坎布里奇科学文摘公司编辑出版。本索引每年报道约72000篇会议论文，及时提供有关科学、技术和医学方面的最新研究进展信息，是目前检索会议文献最常用的检索工具之一。

9.3.4 会议文献的网上检索

（1）中国重要会议论文全文数据库（CPCD）（1999 - ）。中国期刊网的会议论文全文数据库收录全国范围内一级学会、协会和各行业学会、协会召开的国际和国内重要会议论文，并对重要会议进行会前、会中、会后报道。收录2000年至今约58万篇会议论文。数据库提供主题、题名、关键词、摘要、论文作者、摘要、会议录名称、会议名称、主办单位等24个检索入口。

（2）中国学术会议论文（CACP）（1998 - ）。万方《中国学术会议论文全文数据库》收录了国家级学会、协会、研究会组织召开的全国性学术会议论文全文；每年涉及1000余个重要的学术会议，增补论文15000余篇；收录范围有自然科学、工程技术、农林、医学等领域，内容包括数据库名、文献题名、文献类型、馆藏信息、馆藏号、分类号、作者、出版地、出版单位、出版日期、会议信息、会议名称、主办单位、会议地点、会议时间、会议届次、母体文献、卷期、主题词、文摘、馆藏单位等，总计约50万篇，年更新数据约4万条，是国内收集学科最全面、数量最多的会议论文数据库。

（3）PapersFirst（1993 - ）。OCLC Firststearch中的一个子

库——国际学术会议论文索引。收录在世界各地学术会议上发表的论文索引。该数据库是一个从事学术研究的主要工具，覆盖自1993 年 10 月以来在"大英图书馆文献供应中心"的会议录所收集的每一场学术会议、专题讨论会和其他会议，可用作者名、论文名称或主题检索。每两周更新一次。

（4）Proceedings（1993 – ）。OCLC Firstsearch 中的一个子库——国际学术会议录目录。该库提供在世界各地举行的学术会议上发表的论文目录，可用会议名称检索。

（5）因特网会议预告（Internet Conference Calendar）。网址：http：//www. mojiam. com。每日更新有关学术会议、研讨会、专题讨论会、博览会、培训等信息，并提供一个方便的查询界面，用户可按国家、各大洲进行分类免费查询。

（6）IEEE 通信协会会议预告（IEEE Communications Society Conferences）。网址：http：//www. comsoc. org/confs。美国电气与电子工程师学会（IEEE）下属通信协会的 Web 网页，不仅提供了 IEEE 主持的有关学科领域里即将召开的会议时间、地点、内容，也给出了自 1996 年以来已召开的会议信息。

（7）工程、材料科学会议网页（Engineering，Material Science Conferences）。网址：http：//dir. yahoo. com/Science/Engineering/Material_ Science/Conferences。提供有关工程材料科学方面的会议信息及相关内容。

9.4　标准文献检索

标准是对重复性事物和概念所做的统一规定，它以科学、技术和实践经验的综合成果为基础，经有关方面协商一致，由主管机构批准，以特定形式发布，作为共同遵守的准则和依据。标准不仅是从事生产、建设工作的共同依据，而且是国际贸易合作、商品质量检验的依据。

标准文献主要指与技术标准、生产组织标准和管理标准及其他具有标准的和在标准化过程中产生的类似文件所组成的一种技术文献体系。

9.4.1 标准文献概况

目前，世界已有的技术标准达 75 万件以上，与标准有关的各类文献也有数十万件。制定标准数量较多的国家有美国、德国、英国、日本，另外，去国和前苏联制定的标准也较多。

通常所说的国际标准主要是指 ISO（国际标准组织）、IEC（国际电工委员会）和 ITU（国际电信联盟），还包括国际标准组织认可的其他 27 个国际组织制定的标准论题。我国于 1978 年重新加入 ISO，于 1957 年加入 IEC。我国的标准分为国家标准、地方标准、行业标准和企业标准四个等级。

一个国家的标准文献反映着该国的经济、技术政策、生产水平、加工工艺水平、标准化水平、自然条件、资源情况等内容，对于全面了解该国的工业发展情况，是一种重要的参考资料。

9.4.2 标准的类型

（1）按标准的适用范围划分，可划分为：国际标准，指国际通用的标准，如 ISO、IEC 等；区域标准，指世界某一地区通过的标准，如"全欧标准'等；国家标准，由国家标准化机构批准颁布的标准，如我国的国家标准号是 GB；专业标准，根据某专业范围统一的需要，当专业主管机构和专业标准化机构批准发布的标准；部门标准，当某个部门和企业单位等制定的适用于本部门的标准，如"部标准"、"企业标准"等；基础标准，在一定范围内，普遍使用或具有指导意义的标准。

（2）按照标准的内容和性质划分，可划分为技术标准和管理标准。技术标准包括基础标准、产品标准、方法标准、安全与环境保护标准；管理标准包括技术管理标准、生产组织标准、经济管理标准、行政管理标准、业务管理标准和工作标准。

（3）按标准的成熟度划分，可划分为：强制标准——保障人体健康，人身、财产安全的标准和法律、行政法规规定强制执行的标准是强制性标准；推荐标准——其他标准是推荐性标准。

9.4.3 标准文献的作用与特点

（1）标准文献的作用。广义的标准文献包括一切与标准化工作有关的文献（如标准目录、标准汇编、标准年鉴、标准的分类法、标准单行本等），标准文献是标准化工作的成果，也是进一步推动科研、生产标准化进程的动力，标准文献有助于了解各国的经济政策、生产水平、资源情况和标准化水平。

（2）标准文献的特点：

1）发表的方式不同：它由各级主管标准化工作的权威机构主持制定颁布，通常以单行本形式发行，一项标准一册（年度形成目录与汇编）。标准文本一般都编有标准号，标准号是管理和检索标准的重要依据。

2）分类体系不同：标准一般采用专门的技术分类体系。

3）性质不同：标准是一种具有法律性质或约束力的文献，有生效、未生效、试行、失效等状态之分，未生效和失效过时的标准没有任何作用价值（一般每5年修订一次）。

（3）标准文献的表现形式：国际标准、区域标准和国家标准。

9.4.4　标准的编号

9.4.4.1　中国标准的编号

中国国家标准及行业标准的代号一律用两个汉语拼音大写字母表示，编号由标准代号（顺序号）和标准年代组合而成。

（1）国家标准。根据我国"国家标准管理办法"规定，强制性国家标准用"GB"表示，推荐性国家标准用"GB/T"表示，指导性国家标准用"GB/Z"表示。

例如：GB/T 18811－2002 电子商务基本术语

（2）部（行业、专业）标准。根据我国"行业标准管理办法"规定，强制性行业标准的代号，用行业名称的两个汉语拼音字母表示；推荐性行业标准的代号，则在该拼音字母后加斜线"/"，再加"T"表示。如机械行业标准用 JB 表示，化工行业标准用 HG 表示，轻工行业标准用 QB 表示，等等。

例如：QB1007－90 是指轻工行业 1990 年颁布的第 1007 项标准。

（3）企业标准。根据我国"企业标准管理办法"规定，企业标准代号以"Q"加斜线"/"，再加企业的数字代号表示。

例如：京 Q/JB1－89 是北京机械工业局 1989 年颁布的企业标准。

（4）地方标准。强制性地方标准的代号用"DB"加省、市、自治区代码前两位数再加斜线"/"表示，推荐性地方标准的代号加斜线"/"再加"T"表示。

9.4.4.2　国际标准的编号

国际标准化组织（ISO）的标准编号。ISO 负责制定和批准除电工与电子技术领域以外的各种技术标准，ISO 的所有标准每隔 5 年重新审定一次。ISO 标准号均由代号、序号及制定年份三部分组成。

（1）正式标准。国际标准，ISO＋序号＋制（修）定年份，凡1972年以后发布的国际标准均以ISO作为代号，如ISO 6507/1－1982；推荐国际标准，ISO/R＋序号＋制（修）定年份，凡1972年以前发布而至今修订工作尚未结束的标准，均以ISO/R为代号，如ISO/R－2101－1971；技术报告，ISO/TR＋序号＋制定年份，表示该组织制定某项标准的进展情况，其代号为ISO/TR，如ISO/TR7470－1978；技术数据，ISO/DATA＋序号＋制定年份，这类标准很少，现已全部为ISO/TR替代。

（2）标准草案。建议草案，ISO/DP＋序号＋制定年份，指有关技术委员会制定并供自身内部讨论研究的建议草案，如ISO/DP 8688－1984；标准草案，ISO/DIS＋序号＋制定年份，指经中央秘书处登记后发至各个成员国进行酝酿，最后付诸表决的标准草案，如ISO/DIS7396－1984。

9.4.5 标准文献的检索

（1）《中华人民共和国国家标准目录》，有顺序目录和分类目录两部分。T－652.1/CG2。国家标准局编，中国标准出版社出版。

（2）《中国国家标准汇编》，中国标准出版社出版，自1983年至今已出版近200卷，收录了公开发布的全国现行的国家标准，其各卷及正文按国家标准号顺序排列，在已知标准号情况下，可直接查到标准全文。

（3）《ISO标准目录》（ISO Catalogue），国际标准化组织编辑出版，年刊，每年2月以英、法两种文字出版，报道上一年度的全部现行标准，包括新近批准生效的标准和作废的标准（TC类号、标准号、标准名称、出版情况、页数及英法文对照的标准名、主题索引、标准序号索引、废弃标准目录）。检索途径有主题途径检索、标准号检索及分类检索。此外，《ISO 标准目录》还有中译本，由中国标准出版社翻译出版，其著录项目有标准号和标准名称。

（4）标准文献数据库

1）万方中外标准数据库。由国家技术监督局等单位提供的中国国家标准、行业标准、欧洲及美、英、德、日等国家标准、ISO国际标准、国际电工标准，共 12 个数据库，20 多万条记录。

2）国家标准化管理委员会。网址：http：//www. sac. gov. cn/ home. asp。

3）中国标准网。网址：http：//www. zgbzw. com。

4）中国工程技术标准信息网。网址：http：//www. std. cetin. net. cn。

5）通信标准与质量信息网。网址：http：//www. ptsn. net. cn。

6）ISO 标准数据库及其检索。国际标准化组织网址：http：//www. iso. ch。ISO 主页上包括的栏目有：About ISO（ISO 简介）、ISO members（ISO 成员）、Products and Services（产品和服务）、ISO 9000 and ISO 14000（ISO 9000 和 ISO 14000）、World Standards Services Network（WSSN）（世界标准服务网络）、Communication Centre（通言中心）等。

①ISO 扩展检索。扩展检索说明：在"Find keyword or phrase"（关键词或词组）中可输入单词或词组进行检索，词组必须置于双引号（""）中；支持布尔逻辑运算（and/not/or）；如果在该字段中一次输入 2 个或 2 个以上检索词，系统默认各词之间以"OR"算符相连；支持截词检索，采用"＊"为截词符；不区分大小写；关键词检索可以选择是在标题、文摘和标准

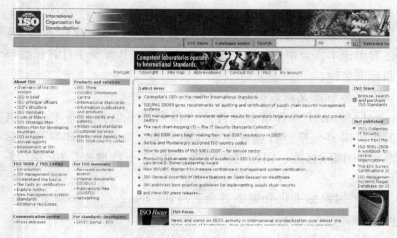

图 9 – 6

全文里。

②ISO number、ISO part number（标准号）检索。ISO 标准的编号由 "ISO + 标准顺序号 + 制定或修改年份" 构成，如：ISO 9001 – 2000《质量管理体系——要求》。

按标准号检索时，输入标准顺序号即可，如检索前述标准只需输入 9001。若检索标准中的某一部分，例如 ISO 9000 第 4 部分，可在 ISO Number 后输入 9000，再在 ISO part number 后输入 4，也可直接在 ISO Number 后输入 9000 – 4。

若查某个范围的标准，如输入 1：200，则出来 1 到 200 号的标准；想查几个不连续的标准，则用逗号分隔，如输入 9000，14001，1404；若要查某个范围和单位标准，用逗号分隔，如输入 1：200，9000。

③Document type（文献类型）检索。点击该字段的下拉菜单,可以选择检索的文献类型，如：International Standard（国

际标准）、Guide（导言）、Technical Specification（技术规范）等。

④ICS（国际标准分类号）。国际标准的分类通常采用《国际标准分类法（International Classification for standards，简称ICS)》。

7）国际电工委员会（IEC）网站：http://www.iec.ch。IEC 标准是国际电工委员会（International Electrotechnical Commission，简称 IEC）统一制定的。IEC 成立于 1906 年，1947 年曾并入 ISO，目前 IEC 与 ISO 相互独立工作，并列为两大国际性标准化组织，是世界上成立最早的非政府间国际标准化机构。目前 IEC 成员包括绝大多数的工业发达国家及一部分发展中国家。这些国家拥有世界人口的 80%，其生产和消耗的电能占全世界的 95%，制造和使用的电气、电子产品占世界总量的 90%。IEC专门负责研究和制定电工电子技术方面的国际标准，包括综合性基础标准、电工设备标准、电工材料标准、日用电器标准、仪器仪表及工业自动化标准、安全标准等。IEC 设有 79 个技术委员会（TC）和 27 个分委员会（SC）。1975 年以前 IEC 公布的为推荐标准，1975 年以后为 IEC 国际标准。

IEC 标准的结构形式有：IEC230 – 1966，IEC 指标准代号，230 指顺序号，1966 指年代；IEC68 – 2 – 1 – 1970，IEC 指标准代号，68 指顺序号，2 – 1 指该标准的第二部分的第一部分；IEC249 – 1A – 1970，IEC 指标准代号，249 指顺序号，1 指该标准的第一部分，A 指补充标准。

网站提供的主要内容有：一般信息、IEC 成员、重要的 IEC国际标准；新闻，包括新闻工具、新闻出版物的超链接、文件、样板、会议信息；公共信息，包括时事通信、介绍、年度报告；技术委员会信息中心；查询，包括查询 IEC 数据库；标准及文件订购；IEC WEB 存储等。

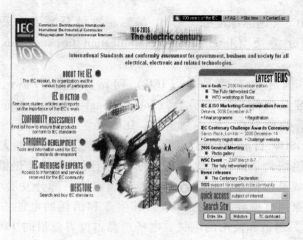

图 9 - 7

10 网上综合资源检索

10.1 网上检索概述

10.1.1 Internet 的出现和发展

Internet 是一个全球性的计算机互联网络。在中国一般译为"互联网"或"因特网"，在中国台湾和其他中文地区也有译成"国际网"或"交互网络"。它既是一个多媒体的通信媒介，又是一个无限的信息资源。它由几万个不同规模的网络通过自愿原则，主要采用 TCP/IP 协议互相链接起来，没有任何机构完全拥有 Internet，也没有任何一家公司可以称为 Internet 公司。现在 Internet 已经进入了人们生活的方方面面，改变着人们的工作和生活方式。可以说 Internet 是人类历史发展中的一个伟大的里程碑，它是未来信息高速公路的雏形。

1969 年由美国国防部资助，由高级研究项目署开始实现 ARPANET 计划，其目的是建立分布式的、灵活力极强的全国性信息网络。这就是 Internet 的雏形。1972 年由 50 所大学和科研机构参与链接的 Internet 最早的模型 ARPANET（即"阿帕网"）第一次公开向人们展示。1980 年 ARPANET 成为 Internet 最早的主干。20 世纪 80 年代初，两个著名的科学教育网 CSNET 和

BITNET 先后建立，1984 年美国国家科学基金会 NSF 规划建立了 13 个国家超级计算机中心及国家教育科技网（NSFNET），替代了 ARPANET 的骨干地位。20 世纪 90 年代初，商业机构进入 Internet，使 Internet 进行商业活动有了可能，1995 年 NSFNET 停止运作，Internet 彻底商业化。

Internet 在中国起步较晚，但发展很快。1986 年中国建设了第一个计算机网络——中国学术网（China Academic Network，简称 CANET）。1990 年 10 月正式在国际互联网中心的前身 DDNNIC 注册登记了中国的顶极域名 CN，用位于欧洲的计算机做网关和域名服务器来接入 Internet。1993 年 3 月，中国科学院高能物理研究所租用专线接入欧洲，成为中国大陆第一个 Internet 节点。1994 年 5 月由中国科学院主持，联合清华大学、北京大学，在中国科学院计算网络中心建立了 NCFC（the National Computing and Networking Facility of China），它是中国国家计算机与网络设施，又称中关村地区教育科研示范网 NCFCnet，并完成了中国最高域名（CN）主服务器的设置，通过中国科学院网络中心实现了与 Internet 的 TCP/IP 链接，这标志着中国正式加入了国际互联网的行列。随着 CERNET（中国教育和科研计算机网）、ChinaNET（中国公用计算机互联网）、CSTNET（中国科技网）和 ChinaGBN（中国金桥网，现并入中国网通公用互联网 CNCNET）四大互联网的开通，使我国 Internet 主干网具备了相当的规模，发展和应用步伐紧跟世界节奏。

10.1.2 中国四大互联网络

（1）中国科技网 CSTNET。中国科技网的前身是 NCFC，即北京中关村地区教育和科研示范网，以后发展为 CASNET，即中科院和其他研究所的全国性网，CSTNET 是在此基础上建立的，

1994 年该网实现了与 Internet 的链接，它的中心在北京中科院计算机网络信息中心（CNNIC）。目前，中国科技网在全国范围内已接入农业、林业、医学、地震、气象、铁道、电力、电子、航空航天、环境保护和国家自然科学基金委员会、国家专利局、国家计委信息中心、高新技术企业，以及中国科学院分布在京区和全国各地 45 个城市的科研机构，共 1000 多家科研院所、科技部门和高新技术企业，上网用户达 40 万人。中国科技网的服务主要包括网络通信服务、域名注册服务、信息资源服务和超级计算服务等，它的科技信息资源有科学数据库、中国科普博览、科技成果、科技管理、技术资料、农业资源和文献情报等，其中科学数据库现有专业数据库 180 个，总数据量达 725GB，可以向国内外用户提供各种科技信息服务。

（2）中国教育科研网 CERNET。中国教育科研网的全称是 China Education and Research Network，它是国家教委主持的国家重点工业性研究项目。工程由清华大学、北京大学、北京邮电大学、上海交通大学、西安交通大学、华中科技大学、华南理工大学、电子科技大学、东南大学、东北大学等十所院校共同承建，于 1994 年启动，1995 年 12 月正式开通运行，并实现与 Internet 的全方位链接。目前 CERNET 建成了总容量达 800GB 的全世界主要大学和著名国际学术组织的 10 个信息资源镜像系统和 12 个重点学科的信息资源镜像系统，以及一批国内知名的学术网站，并建成了系统容量为 150 万页的中英文全文检索系统和涵盖 100 万个文件的文件检索系统，是我国开展现代远程教育的重要平台。CERNET 的建设，加强了我国信息基础建设，缩小了与国外先进国家在信息领域的差距，也为我国计算机信息网络建设起到了积极的示范作用。

（3）中国公用计算机互联网 CHINANET。中国公用计算机互联网是我国第一个全国性商业网，它由中国信息产业部经营管理，于1994年开始启动。CHINANET使用TCP/IP协议，通过高速数据专线实现国内各节点互连，拥有国际专线，是世界INTERNET的一部分。用户可以通过电话网、综合业务数据网、数字数据网等其他公用网络，以拨号或专线的方式接入CHINANET，并使用CHINANET上开放的网络浏览、电子邮件、信息服务等多种业务服务。CHINANET也已成为中国规模最大，技术、业务发展最快的公用数据网之一。

（4）中国金桥信息网。中国金桥信息网CHINAGBN是三金工程（金桥工程、金关工程、金卡工程）之一，也称中国经济网，于1996年开始建设，它是国家经济信息通信网，提供Internet网络商业服务。该网络由信息产业部下属的吉通通信有限公司规划、建设和运行。它采用卫星和光纤通道，目前已在全国24个省市联网，并与CSTNET和CERNET及国家信息中心连通。CHINAGBN实现跨地区的数据、图像及语音的传输，并提供Internet的链接和信息服务。

中国这四大网络于1997年10月实现了互联互通，因此构成了中国计算机网络的骨干网络，覆盖了从国民经济到家庭生活的各个方面。根据2006年1月中国互联网络信息中心（CNNIC）发布的《第十七次中国互联网络发展状况统计报告》，截止到2005年12月31日，我国的上网计算机总数已达4950万台，上网用户总人数为1.11亿人，网站数达到69.4万个，国际出口带宽的总容量为136106M，IP地址总数达到739万个。

10.1.3　Internet网络架构

Internet中，一些超级的服务通过高速的主干网如光缆、微波或卫星相连，而一些较小规模的网络则通过众多的支干与这些巨型服务相连。对于利用调制解调器接入互联网的个人用户来说，进入 Internet 需要通过网络服务商 ISP 来实现。ISP 即是个人电脑进入 Internet 的入口。普通用户通过一台接在电话线上的调制解调器与 ISP 相连，借助 ISP 接入互联网。网络上的用户是平等的，无地域、职位的限制，也没有电脑型号的差别。互联网各主机之间的物理连接是利用常规电话网、高速数据网、卫星、微波或光纤等各种通信媒体来实现的。

10. 1. 4　Internet 的域名管理与 IP 地址分配

在网络上要同其他用户和计算机打交道必须知道地址，TCP/IP 协议中的 IP 为 Internet 上的计算机提供了地址。Internet 上的地址有 IP 地址和电子邮件地址两种。Internet 的 IP 地址 32 位，可用 4 个十进制数字表达，数字间用 "·" 隔开（如：59·64·82·5）。IP 地址分为 A、B、C 三类。A 类地址提供给大型网络使用，第一个数字为网址，后三个数字为网内主机地址；B 类地址提供给中型网络使用，网址与主机地址各占两个数字，B 类节点地址可供 65000 多个用户使用；C 类地址供小型网络使用，前三个数字为网址，后一个数字为主机地址。

从表面上看，Internet 地址有两种形式：一种是机器可以识别的地址，用数字表示，如地址是：211·82·123·100；另一种是人可以看懂的，用字母表示，如地址：www.sohu.com。

为了便于网络地址的分层管理与记忆，其结构为"主机名·机构名·网络名·最高级域名"。域名在整个 Internet 中是唯一确定不变的，当一名主机从一处移到另一处时，当它属于不同的网络时，其 IP 地址必须更换，但可以保留原来的域名，下表是主要的最高级域名列表，默认值为美国。

域名	国家或地区	域名	国家或地区	域名	机构
at	奥地利	hk	中国香港	com	营利性商业实体
au	澳大利亚	ie	爱尔兰	edu	教育机构或设施
ca	加拿大	jp	日本	net	网络资源或组织
ch	瑞士	kr	韩国	org	非营利性组织机构
cn	中国	ru	俄罗斯	int	国际组织和国际数据库
de	德国	tw	中国台湾	gov	非军事性政府或组织
fr	法国	uk	英国	mil	军事机构或设施

10.1.5　Internet 的基本服务功能

Internet 为用户提供了高速快捷的信息交流渠道和丰富的信息资源。同时为用户提供了多样化的信息服务。主要有：电子邮件（E‑mail）、远程登录（Telent）、文件交换（FTP）、网络新闻（GroupNews）、WWW 信息服务、Gopher 信息服务、Archie 信息服务等。

（1）电子邮件（E‑mail）。电子邮件是 Internet 最主要的，也是应用最广的功能之一，它是一种通过计算机网络接收和发送信件的手段。目前 Internet 提供的 E‑mail 服务已不仅仅局限于一般信件的传递，还能实现以下功能：

1）可同时向多个收信人发送同一信件；

2）传送包括文件、声音、影像和图形在内的各种信息；

3）向 Internet 以外的网络用户发送信件；

4）向一台计算机发送信件，由程序自动对信件内容进行处理；

5）获取有关的原始文献或专利文献。

（2）远程登录（Telent）。远程登录（Telent）服务也是In-
ternet最常用的功能之一，它允许用户从本地主机上对远程计算
机进行账号注册。注册成功后，在远程登录通信协议Telnet的支
持下，使自己的计算机成为远程计算机的一个仿真终端，共享远
程计算机上的软硬件资源。要在远程计算机上登录，先与远程机
器的系统管理员联系，申请账号、密码，然后使用Telnet服务将
自己的机器链接到远方主机，登录时，应给远程主机的域名或
IP地址，然后根据提示输入相应的账号和密码，登录成功即可
使用远程主机对外开放的功能和资源。

　　Internet上的一些服务可以通过远程登录来得到，如果用户
没有archie或gopher的客户程序，又想使用这些功能，就可以
Telent链接到某台提供archie或gopher的电脑为账号注册。这种
情况下通常不需要password，进入远方服务器后，用户便可以获
得相应的服务。

（3）文件交换（FTP）。尽管在Internet上，电子邮件可能
是使用最广泛的应用程序，但是数据的传输大多要通过文件传输
协议（FTP）。FTP程序可以实现文件在主机间及主机与用户间
的传送。这样不但能为用户节省时间和费用，还可以使用户自
由、方便地收集Internet中提供的各类信息的数据文件，从而更
从容地阅读和处理这些信息资料。FTP是一种实时的联机服务，
工作时用户首先要登录到对方的计算机上，普通的FTP服务要
求用户在登录到远程计算机时提供相应的用户名和密码，如果没
有在某个主机上注册，即没有用户名和密码，则不能与该主机进
行文件传递。为了方便用户对文件的操作，很多系统允许用户以
匿名方式进入系统上传或下载文件，这种匿名FTP操作成为In-
ternet上最受欢迎的服务。

　　目前，www的超文本传输协议（HTTP）已经代替了FTP的

大部分功能，可以实现从远程主机复制文件到本机，但上传不行，只有 FTP 可以将文件从用户计算机复制到服务器计算机。通过 FTP 使用的文件是任意格式的。例如文档文件、多媒体文件、应用程序文件、声音文件、图像文件、数据压缩文件等。

（4）网络新闻服务（GroupNews）。网络新闻通常又称 GroupNews，目前流行的另一种新闻组形式是 BBS。它是具有共同爱好的 Internet 用户相互交换意见的一种无形的用户交流系统，它相当于一个全球范围的电子公告牌系统。网络新闻是按照不同的专题组织的。志趣相同的用户在网络上用被称为新闻服务器的计算机来展开各种类型的专题讨论。

网络新闻不同于邮件用户组，虽然通过加入邮件用户组可"订阅"消息、参加讨论，但用户必须付出一定的代价：定期阅读从用户组收到的大批邮件，若用户加入多个邮件用户组时，每天阅读和处理邮件成为用户的沉重负担。而网络新闻组是一种供用户自由参与的活动，用户参加时不用申请并可自由退出。只要用户计算机装有一种"新闻阅读器"的程序，就可以通过 Internet 随时阅读新闻服务器提供的分门别类的消息，并可以将用户见解提供给新闻服务器作为一条消息发送出去。

（5）www 信息服务。www 是当前 Internet 网上最受欢迎、最流行，也是最有发展潜力的信息检索服务系统。它通过 Hyperlink（超链接）技术将全球的信息资源以 Hypertext（超文本）的方式链接起来，构建虚拟世界中的"地球村落"。www 基于 Internet 的查询、信息分布和管理系统，是人们进行交互的多媒体通信动态格式，它提供了搜寻信息的一种途径，帮助在 Internet 上通过简单的操作去获取不同地点、不同存取方式的信息资源。www 服务采用了超文本与超媒体的技术，以多媒体的形式向用户展示丰富的信息，并通过超文本和超媒体的链接功能，直观地引导用户获取所需信息。它的正式提法是："一种广域超媒体信息检索原始规约，目的是访问巨量的文档资料。www 已经实现给计算机网络上的用户提供一种兼容的手段，以简单的方式去访问各种媒体。"

（6）Gopher 信息服务。Gopher 是基于菜单驱动的 Internet 信息查询工具。Gopher 的菜单项可以是一个文件或一个目录，分别标以相应的标记，对于目录可以继续跟踪进入下一级菜单，如果是文件则可以通过多种方式获取，如邮寄、存储、打印等。在逐级菜单的指引下，用户通过选取自己感兴趣的条目，对 Internet 网上远程联机信息系统进行实时访问。Gopher 内部集成了 Telnet、FTP 等工具，可以直接取出文件，而无须知道文件所在及文件获取工具等细节，是一种深受用户欢迎的 Internet 信息查询工具。

（7）Archie 服务。Archie 是 Internet 信息资源的一种检索，它提供一种在 Internet 上以匿名 FTP 文件信息查询为目的的电子目录服务。在一定的时间间隔内，Archie 系统与 Internet 上所有已知的匿名 FTP 主机建立链接，并把这些存有公开文件的主机目录的完整清单存入自己的数据库中。当用户寻找某个文件时，只需提供所需查找的文件名或部分文件名给 Archie 服务器，通过搜索，Archie 服务器就可以反馈存有该文件的 FTP 服务器地址及具体路径。

10.2　网上信息检索工具

Internet 网络上蕴藏着非常丰富的信息资源，从电子期刊、电子工具书、商业信息、新闻、大学和专业机构介绍、软件、数据库、图书馆资源、国际组织和政府出版物，到娱乐性信息等。它已经成为全球范围内传播科研、教育、商业和社会信息的最主要的渠道。但要从这个信息海洋中准确、迅速地找到并获得自己所需的信息，却往往比较困难。正是为了解决这个问题，从 20世纪 80 年代起人们就开发了各种网络信息检索工具。

根据检索工具检索网络资源类型的不同，可以将其分为万维网检索工具和非万维网检索工具。万维网检索工具主要检索万维网站点上的资源，它们常被称为搜索引擎，而且由于万维网资源常以网页的形式存在，它们的检索结果常常被称为网页。非万维网检索工具主要检索特殊类型的信息资源，如 Archie—检索 FTP文件；Veronica—搜索 Gopher 服务器；WAIS—全文信息检索工具；Deja News—检索新闻组等。不过越来越多的万维网搜索引擎具备了检索非万维网资源的功能，使它们成为检索多类网络信息资源的集成化工具。

10.2.1 搜索引擎

利用浩瀚无序的互联网信息，需要借助一定的工具和方法，搜索引擎肩负使命，应运而生。搜索引擎是一种用于帮助互联网用户查询信息的搜索工具，它以一定的策略在互联网中收集、发现信息，对信息进行理解、提取、组织和处理，为用户提供与所需信息相关的网页名称，从而起到信息导航的目的。

Internet 上最早的搜索引擎是 1990 年开发的 Archie，它依靠脚本程序自动搜索网上的文件，然后对有关信息进行索引，用户可以以一定的表达式进行查询。随着 www 的出现，搜索引擎更加引起人们的研究热情，最早的设计是利用"机器人"程序在网络中爬来爬去，并将"机器人"程序形象地称为"蜘蛛"程序，刚开始它只是用来统计互联网上的服务器数量，后来发展为能够检索网站域名。1994 年超级目录索引 Yahoo 诞生，将搜索引擎推向高速发展时期。

搜索引擎分为全文搜索引擎、目录索引和元搜索引擎。

（1）全文搜索引擎。全文搜索引擎是名副其实的搜索引擎，国外具代表性的有 Google、Fast/AllTheWeb、AltaVista、Inktomi、Teoma、WiseNut 等，国内著名的有百度（Baidu）。它们都是通过从互联网上提取的各个网站的信息（以网页文字为主）而建立的数据库中，检索与用户查询条件匹配的相关记录，然后按一定的排列顺序将结果返回给用户，因此它们是真正的搜索引擎。

（2）目录索引。目录索引虽然有搜索功能，但在严格意义上算不上是真正的搜索引擎，仅仅是按目录分类的网站链接列表而已。用户完全可以不用进行关键词（Keywords）查询，仅靠分类目录也可找到需要的信息。目录索引中最具代表性的莫过于大名鼎鼎的 Yahoo。其他著名的还有 Open Directory Project（DMOZ）、LookSmart、About 等。国内的搜狐、新浪、网易搜索也都属于这一类。

（3）元搜索引擎（META Search Engine）。元搜索引擎在接受用户查询请求时，同时在其他多个引擎上进行搜索，并将结果返回给用户。著名的元搜索引擎有 InfoSpace、Dogpile、Vivisimo 等（元搜索引擎列表），中文元搜索引擎中具代表性的有搜星搜索引擎。在搜索结果排列方面，有的直接按来源引擎排列搜索结果，如 Dogpile，有的则按自定的规则将结果重新排列组合，如 Vivisimo。

10.2.2　常用搜索引擎简介

10.2.2.1　Google（http：//www.google.com）

Google 是由英文单词"googol"变化而来。"googol"是美国学者 Milton Sirotta 创造的一个词，表示 1 后带有 100 个零的数字。Google 使用这个词代表了该公司想征服网上无穷无尽资料的雄心。Google 于 1998 年由两位斯坦福大学的博士生 Larry Page 和 Sergey Brin 创立，并于 1999 年 6 月成立公司，现在作为当今 Internet 上最佳的搜索引擎之一及第二代搜索引擎的代表，Google 运用其开发的高效算法确实做到了为广大用户提供满意和有效的检索服务。Google 向来以庞大的索引数据库著称，2005 年 Google 发布了它的网络标引量，声称 Google 目录中已收录了 80 亿多个网址，可检索 80 亿多个网页、10 亿多张图片、10 亿多条 Usenet 新闻，此外还有不断增长的图书信息网页。用户可以更加简便、快捷地从这个世界上最大的在线信息库中检索到他们所需的信息，保障了用户获取信息的全面性。Google 支持多达 132 种语言，包括简体中文和繁体中文。此外 Google 在基本检索的功能上，还提供强大的图片搜索、新闻搜索、二进制文件搜索（PDF、DOC、SWF 等），并拥有"网页快照"、"手气不错"等特色功能。

Google 的首页中排列了其五大功能模块：网页、图片、资讯、论坛和网页目录，默认搜索为网页搜索。

（1）简单关键词检索。只要在检索框中输入检索词，并敲一下回车键或单击"Google 搜索"按钮即可执行简单的关键词检索。当输入多个关键词时，只需将关键词用空格隔开，Google 就会在关键词之间添加"AND"，执行逻辑"与"操作，除此之外，Google 用减号"－"表示逻辑"非"操作，用大写的"OR"表示逻辑"或"操作。

Google 在检索时不区分英文字母的大小写，所有字母均当作小写来处理，例如：搜索"google"、"GOOGLE"或"GooGLe"所得到的结果都一样。

为了提供更准确的资料，Google 不支持通配符（＊、?）等的检索，也就是说，Google 只搜索与输入的关键词完全一样的字词，如：搜索"Googl"或"Google ＊"，不会得到类似"Googler"或"Googlin"的结果。Google 关键词可以是单词（中间没有空格），也可以是短语（中间有空格）。如果用短语做关键字，必须加引号，否则空格会被当作"与"操作符。Google 对一些网络上出现频率极高的英文单词，如"the"、"com"、"http"等，以及一些符号如"＊"、"、"、"."等，会做忽略处理。如果要对忽略的关键词进行强制搜索，则需要在该关键字前加上"＋"号。

（2）高级检索。搜索专用语：只要在专用词语上加上英文双引号，就可以准确地进行查询；限制搜索的网站：可用"site"将搜索结果局限于某个具体网站、网站频道或某个域名。site 后的冒号为英文字符，而且冒号后不能有空格，否则"site："将被作为一个搜索的关键字；搜索某一类型文件，可用"filetype"来搜索；搜索的关键字包含在网页标题中，可以用"intitle"和"allintitle"来搜索网页的标题栏；同理用 inurl 和 allinurl 对 URL 进行查询。

搜索所有链接到某个 URL 地址的网页，用"link：＜网址＞"可得到链接到此网址的网页。"link"不能与其他语法混合操作，其后面即使有空格，将被 Google 忽略；从 Google 服务器上缓存页面中查询信息，可用"cache："搜索 Google 服务器上页面的缓存。通常用于查找某些已经被删除的死链接网页，相当于"网页快照"功能；图片搜索：在 Google 首页点击"图像"链接就进入了 Google 的图像搜索界面"images. google. com"，在关键字栏内输入描述图像内容的关键字即可。

（3）其他特色检索功能：

1）目录服务。表示不想打开网页，而只是寻找某些专题网站，可以访问 Google 的分类目录"http：//directory. Google. com/"。

2）工具条。集成于浏览器中，用户无须打开 Google 主页就可以在工具条内输入关键字进行搜索。此外，工具条还提供了其他许多功能，如显示页面 Page Rank、设置拦截式弹出广告等。

3）新闻组。新闻组中有大量的有价值信息。DEJA 一直是新闻组搜索引擎中的佼佼者，2001 年 2 月，Google 将 DEJA 收购并提供了所有 DEJA 的功能。现在，除了搜索之外，Google 还支持新闻组的 WEB 方式浏览和张贴功能。

4）搜索结果翻译。可以把非英文的搜索结果（只支持有限的几种语言）翻译成英文，也可以将英文翻译成中文。

5）搜索结果过滤。用来剔除互联网上的垃圾信息。

6）Google 还具有二进制文件搜索功能，可以对 PDF、DOC、SWF 等文件进行内文搜索。

（4）Google 的不足之处。Google 虽然有强大的检索功能，但也有其不足之处。

1）关键词的拆分问题。使用关键词搜索时，最令人头疼的就是关键词的拆分问题。Google 如果认为关键词可拆分，在搜索结果中就会出现该词拆分后的查询结果，大大降低了查准率。要解决这个问题，可以将关键词加上引号。

2）中文简体与繁体字自动转换问题。中文简、繁体转换采用简体和繁体文本之间的"翻译"转换方式，由于转换词典不一定正确，可能会出现错误。

3）搜索结果随时间和范围不同而出现较大差异。Google 为了保证快速、全面的信息检索配备了大量的硬件，硬件的相互协作及随机性等原因导致在不同时间和范围搜索结果会出现较大的不同。

4）数据更新较慢。因为 Google 数据量庞大，很多数据无法及时更新，一定程度上降低了信息的时效性。

5）无法搜索动态生成的网页。Google 把各种信息保存在数据库中，因此无法搜索动态生成的网页。

10.2.2.2　百度（http：//www.baidu.com）

"众里寻她千百度"，"百度"二字正是源自辛弃疾的《清玉案》，它象征着百度对中文信息检索技术的执著追求。1999 年年底，百度由李彦宏和徐勇在美国硅谷创建。2000 年百度回国发展，自进入中国互联网及软件市场以来，就一直依靠自身的技术优势为主要中文网络门户提供先进的搜索引擎技术服务，同时百度推出的竞价排名业务已经成为众多中小企业网络营销的利器。

百度一直以开发最符合中国人使用习惯的搜索引擎为己任，经过几年努力，百度搜索引擎已成为世界上最强大的中文搜索引擎。现在百度支持搜索 10 亿中文网页，并且每天都以几十万新网页的速度递增，对重要中文网页实现每天更新，用户通过百度搜索引擎可以搜到世界上最新、最全的中文信息。

百度搜索引擎的核心技术是"超链分析"技术，百度总裁李彦宏是"超链分析"专利的唯一持有人，而且他给这个技术取名叫人气质量定律，亦称搜索引擎的第二定律。它与 PageRank 技术的内容相似：统计每个网页被其他网页链接指向的情况，次数越多则级别越高，排名也就越靠前。因此，"超链分析"就是通过分析链接网站的多少来评价被链接的网站质量，这保证了用户在百度搜索时，越受用户欢迎的内容排名越靠前。

此外，"超链分析"技术将情报学中的引文索引技术同 Web 中最基本的东西——"超级链接分析"的技术相结合，在查找的准确性、查全率、更新时间、响应时间等方面与其他技术相比都有很大的优势；同时，百度应用"内容相关度评价"技术，并且运用了中文智能语言的处理方法，依靠字与词的不同切割方法，弥补了单纯依靠字或词的引擎技术的缺陷，并且能够在不同的编码之间转换，这就使得简体字和繁体字的检索结果可以自然结合。

百度的核心技术在于超链分析，现在百度又提出了竞价排名系统，依靠"自信心"来实现搜索结果的排名，不仅在一定程度上影响了检索结果的绝对相关性，而且对于搜索引擎自身的发展，开辟了一条新的道路。

竞价排名服务是百度在 2001 年 7 月建立的一个商业模式，它是由客户为自己的网页购买关键字排名，按访问量计费的一种服务。也即搜索引擎排序的自信心定律。由于检索结果的排名是根据客户出价的多少进行排列，故称为"搜索竞价排名广告"。因此，百度的检索结果的排序方式是在"超链分析"技术根据网页的重要程度及与检索词的相关程度排列出结果后，再按照竞价排名的情况组织检索结果页面，根据出价的高低来让参与了相关检索词竞价排名的网站先后排在结果的前列。那么，竞价排名是否削弱了检索结果的可靠性呢？百度声称，其竞价排名系统不会降低检索结果的相关性："百度竞价排名系统对客户选择关键字和填写信息的规定和审核非常严格，保证结果都是跟该关键字最相关的信息。"

除了基本的检索功能外，百度还增加了专业的 MP3 搜索、图片搜索、资讯搜索、贴吧、知道等，并正在快速发展其他用户喜欢的搜索功能。百度的目标是发展成为最全面的搜索引擎，为所有中文网络用户打开互联网之门。

在使用布尔逻辑表达式进行检索时，百度使用的逻辑符号与 Google 基本相同。只是用符号"｜"来表示逻辑"或"。百度提供关键词自动提示功能，当用户输入拼音检索时，能获得中文关键词的提示。同时，还具有中文搜索自动纠错功能，即如果用户误输入错别字时，可以自动给出正确的关键词提示。

百度同样提供高级搜索功能，但功能不如 Google 全面，基本上属于 Google 高级检索功能中的一部分。与 Google 不同的是，百度提供地区搜索，可通过对中国 34 个省、自治区、直辖市和特别行政区的选择来限定要搜索的网页的地区。

百度主要根据超链接分析和竞价排名来对搜索结果进行排序。参与竞价的网站排在最前面，后面的搜索结果则按照超链接分析的技术排序。搜索结果包含题目、网址、简短摘要（检索词附近内容）、文件大小、更新日期、百度快照等。其中百度快照与 Google 的网页快照功能相类似。在每一页搜索结果的下方是百度特色功能之一的相关检索，列出了其他用户搜索过的相关搜索词供用户参考。单击任何一个相关搜索词都能得到那个相关搜索词的搜索结果。

除了网页搜索外，百度还提供资讯、MP3、图片、天气预报、火车班次、英语词典等多种搜索功能。

10.2.2.3　天网搜索（http：//e. pku. edu. cn）

由北大网络实验室研制开发的天网中英文搜索引擎是国家"九五"重点科技攻关项目"中文编码和分布式中英文信息发现"的研究成果，并于 1997 年 10 月 29 日正式在 CERNET 上向广大 Internet 用户提供 Web 信息导航服务。在"天网"系统对外提供服务期间，广泛采纳用户的意见和建议，不断地改进其服务质量。2000 年年初，新成立的"天网"搜索引擎课题组在国家973 重点基础研究发展规划项目基金资助下，秉承老的开发队伍的优良传统，将致力于探索和研究中英文搜索引擎系统的关键技术，以便向广大用户提供更为快速、准确、全面、时新的海量Web 信息导航服务。

若检索结果数很多，在一个页面无法显示完的时候，系统自动生成换页链接，只要在"选择页面"右方点击你要切换的页面的结果起始号链接即可。历史网页是保证在存有网页的服务器暂时出现故障时仍可浏览该网页的内容，或者可以浏览到不是最新版的该网页的内容。一般情况下，用空格隔开的查询词不进行短语查询；如果需要，请用引号括起来，当做短语来查询。例如：peer to peer 和 "peer to peer" 的返回结果是不太一样的。天网还支持忽略词（常用的词和字符）查询，有些词太常见，在一般的查询中被忽略，如果需要，可以通过把要查询的短语用引号括起来，执行精确短语查询。例如：美的空调"的"一般会被忽略，可以用双引号括起，查询词带着引号查询"美的空调"

在天网主页上，用户在文本框中输入想要查询的关键词，并回车（Enter），或者点击"搜索网页"按钮即可。查询时只要在两个关键词之间加入空格就可实现逻辑"与"检索。如果要进一步缩小搜索范围和结果，只需输入更多的关键词或者在查询结果中输入关键词进一步查询。

10.2.2.4 搜狐搜索（www. sohu. com）

搜狐是国内最著名的门户网站，也是国内最早提供搜索服务的站点。互联网概念在国内的普及，搜狐功不可没。搜狐于1998年推出中国首家大型分类查询搜索引擎，到现在已经发展成为中国影响力最大的分类搜索引擎。搜狐设有独立的目录索引，每日页面浏览量超过800万，并新推出第三代互动式搜索引擎——搜狗，提供网站、网页、类目、新闻、黄页、中文网址、软件等多项搜索选择。

10.2.2.5 网易搜索（www. 163. com）

网易搜索引擎最大的特色之一是采用"开放式目录"管理方式，在功能齐全的分布式编辑和管理系统的支持下，现有

5000多位各界专业人士参与可浏览分类目录的编辑工作，极大地适应了互联网信息爆炸式增长的趋势。新版搜索引擎在此基础上，更增加了全新搜索技术及广告搜索服务，这一举措将可使用户检索高达16亿条的信息和及时的新闻内容，同时为广告客户提供更有效的广告方式。

10.2.2.6　新浪搜索（www.sina.com）

这是中国第一家可对多个数据库查询的综合搜索引擎。在关键词的查询反馈结果中，在同一页面上包含目录、网站、新闻标题、新闻全文、频道内容、网页、商品信息、消费场所、中文网址、沪深行情、软件、游戏等各类信息的综合搜索结果，最大程度地满足用户的检索需要，使用户得到最全面的信息，这项服务在国内尚属唯一。

10.2.3　搜索引擎使用技巧

根据检索目的选择合适的搜索引擎的网页各不相同，排序算法也各不相同。大型搜索引擎的数据库储存了互联网上几亿至几十亿的网页索引，数据量达到几千GB甚至几万GB。但即使最大的搜索引擎建立超过20亿网页的索引数据库，也只能占到互联网上普通网页的30%。我们使用不同搜索引擎的重要原因，就是因为它们能分别搜索到不同的内容。因为在查询范围、检索功能等方面，各种搜索引擎各具特长，因此应选用不同的搜索引擎，才能做到有的放矢、事半功倍。一个好的专业搜索引擎（有人物搜索引擎、旅行路线搜索引擎、域名搜索引擎、网址搜索引擎、主机名搜索引擎、商业搜索引擎、RP搜索引擎等）在某一行业的信息较之综合性的搜索引擎更全、更新，而且因信息相对集中，检索起来也能够节省很多时间，查准率也有保证。

进行信息检索过程中，应根据课题的学科领域、专业范围、所需要的信息形式有针对性地选择搜索引擎和检索工具。比如平常要搜索网站、网页或 MP3、图片等多媒体文件，可以用百度、Google 搜索引擎，搜索的结果比较全面；要了解查询某一方面的网站，可以使用搜狐、网易的目录搜索，分类比较专业、全面；需要简便快捷可使用 3721 的 IE 地址栏搜索；而一搜、Lycos 等中国搜索引擎则分别适用于限制时间段的搜索和对 FTP 搜索情有独钟的用户。同时多个搜索引擎联合使用，可以使搜索功能更强大，搜索结果更全面。

（1）选择合适的关键词。使用搜索引擎进行信息检索，最重要的技巧是关键词的选取。关键词，就是您输入搜索框中的文字，也就是您命令寻找的东西。关键词的内容可以是：人名、网站、新闻、小说、软件、游戏、星座、工作、购物、论文等。在进行检索之前，应首先把检索课题分解成一系列的基本概念，再为每个概念确定一个合适的关键词或词组，最后确定关键词之间的逻辑关系。一般搜索引擎都要求关键词一字不差。例如：分别输入［李越］和［李悦］，搜索结果是不同的，分别输入［电脑］和［计算机］，搜索结果也是不同的。因此，如果您对搜索结果不满意，建议检查输入文字有无错误，并换用不同的关键词搜索。输入多个关键词搜索，可以获得更精确、更丰富的搜索结果。当你要查的关键词较为冗长时，建议将它拆成几个关键词来搜索，词与词之间用空格隔开。多数情况下，输入两个关键词搜索，就已经会得到较好的搜索结果。

（2）构造恰当的检索式。关键词确定之后，根据基本概念之间的逻辑关系，利用各种逻辑运算和限定方法，来构造检索提问式。常见的逻辑运算和限定方法如下：一是使用 AND、OR、NOT 来进行逻辑组配；二是使用"——"来限定关键词一定不要出现在检索结果中。例如要搜寻关于"武侠小说"，但不含

"古龙"的资料，可使用如下查询："武侠小说——古龙"。

（3）使用搜索软件。现在许多软件都有不需打开网页而直接利用搜索引擎搜索的功能，有的还可以同时在多种搜索引擎中间搜索，使我们更快速地得到较全面的结果，因此可以下载安装一些这类软件，比如 IE 搜索伴侣、百度搜霸等，可以使我们达到事半功倍的效果。

总之，搜索引擎在信息社会具有很重要的价值，随着计算机及其网络技术的飞速发展，专家预测第四代搜索引擎的特点是"求易"，在目前求快、求难的基础上将加重智能化的服务。我们应在使用中不断积累经验，更好地享受网络时代给我们提供的快捷和便利。

10.3 数字图书馆

10.3.1 概述

数字图书馆以便捷、占地空间小、易于存储等优势吸引了众多的眼球。但是因为自身示准的不统一，以及受其阅读器所限，数字图书馆的命运始终处于起起伏伏之中。在百度的首页输入"数字图书馆"进行查询时，会找到相关网页约 1400000 篇，类别也是千差万别，有医疗数字图书馆、煤炭数字图书馆、科技数字图书馆、中小学教育数字图书馆，有国家级的，有地区级的，还有学院级的，总之，林林总总，看得人眼花缭乱。

早在 1948 年，美国的数学家维纳就第一个指出，电子计算机在未来的图书馆运作中，会大显身手。1978 年，美国著名图书馆学家兰卡斯特发表了《走向无纸的时代》和《电子时代的图书馆员》两部论著，描述了电子图书馆的前景。1979 年，来自英国不列颠图书馆的哈利又提出了"虚拟图书馆"的概念。但是正式的数字图书馆概念，则是直到 1988 年，才由美国国家科学基金会的伍尔夫在撰写的国际合作白皮书中正式提出。

1993 年，美国国家科学基金会、国家宇航局和国防部高级研究署联合公布了《数字图书馆启动计划》，正式开始领导、组织和资助美国的数字图书馆的研究和开发。1994 年 6 月，第一次数字图书馆的理论研讨会议在美国得克萨斯召开，包括美国斯坦福大学、密歇根大学、加州大学等高校在内的美国 6 所大学参与了此次论坛，论坛的主题就是"第一届数字图书馆理论与实践年会"。在同年的 10 月，美国国会图书馆最早宣布了它将迈入数字化时代。

在我国，数字图书馆的起步要稍稍晚一些。从 1995 年开始，我国陆续有了数字图书馆的研究文章发表，清华大学、北京大学、上海交通大学、复旦大学、华南理工大学等院校率先在国内开始了数字图书馆的研究。1996 年 7 月～1999 年 12 月，我国由北京图书馆、中山图书馆、上海图书馆、深圳图书馆、辽宁图书馆、南京图书馆、文化部文化科技开发中心共同承担实施了"中国试验型数字图书馆（CPDLP）项目"。CPDLP 项目在实施中包括了两大部分，首先，研制一套初步成型的数字式图书馆的实现技术，它应具有与国际接轨的特点，同时还要适合在中国推广；其次，逐步建设一个规范化的分布式数字资源库。

1998 年 10 月，文化部与国家图书馆启动了中国国家数字图书馆工程，该工程由中国数字图书馆有限责任公司负责，标志着中国数字图书馆工程进入实质性操作阶段。1999 年年初，国家图书馆完成"数字图书馆试验演示系统"的开发，同年 3 月，国家图书馆文献数字化中心成立，扫描年产量达到 3000 万页以上。与此同时，部分省、市的数字图书馆研究项目也开展起来，如辽宁的数字图书馆项目、上海数字图书馆项目的研究等。

2001 年年初，国家计委批准立项 "全国党校系统数字图书馆建设计划"，总投资达 1.9 亿元。北京大学、东北师范大学等院校相继成立数字图书馆研究所，在全国范围内掀起了数字图书馆建设和研究的高潮。2001 年 5 月 23 日，国家重点科技项目 "中国试验型数字式图书馆" 通过专家技术鉴定。目前，中国数字图书馆已经进入初步实用阶段，我国的数字图书馆研究、建设已经初具规模。

2005 年 8 月，由中国图书馆学会主办、国家图书馆支持、中国数字图书馆有限责任公司承办的 "数字图书馆建设与发展研讨会暨中国数字图书馆分馆 2005 年会" 召开。在此次论坛，文化部社会文化图书馆司副司长刘小琴对于我国数字图书馆建设的发展给予了肯定，她表示，数字图书馆的建设得到了各方面的充分支持，无论是在理论上的认识还是对中国图书馆界的影响，都有了很大的提高；数字图书馆的建设初步形成规模，各类型图书馆在应用方面进行了很好的探索；由政府投资的全国文化信息资源共享工程、中组部农村党员干部远程教育项目、教育部农村中小学远程教育工程也已经启动；技术研发和标准规范取得了很大成就；有关数字信息的网络传播方面的法律研究正在进行，取得了很大的进展，对图书馆等公益性单位在使用数字资源方面作出了具体规定；专门从事电子图书生产的企业对数字图书馆的建设作出了很大的贡献，55% 的用户开始使用电子图书，人们越来越易于接受电子阅读方式。

数字图书馆就是一种拥有多种媒体内容的数字化信息资源，能为用户方便、快捷地提供信息的高水平服务机制。虽然称之为 "馆"，但并不是图书馆实体，它借鉴图书馆的资源组织模式，借助计算机网络以普遍存、取人类知识为目标，创造性地运用知识分类和精准检索手段，有效地进行信息整序，使人们获取信息消费不受空间限制，很大程度上也不受时间限制。其服务是以知识要领引导的方式，将文字、图像、声音等数字化信息通过互联网传输，从而实现信息资源共享。

10.3.2 数字图书馆和传统图书馆的关系

数字图书馆与传统图书馆的关系既有区别又有联系。

数字图书馆是传统图书馆的发展。传统图书馆的藏书以纸制印刷型书刊资料为主，通过卡片目录反映馆藏信息，通过读者到馆借阅和送书上门传递信息，整个工作流程以手工操作为主。数字图书馆则在诸多方面有别于传统图书馆，即信息资源由过去的"以藏为主"变成了"藏用结合，以用为主"；信息服务由被动服务、单一服务变成了主动服务、综合服务；书目管理由卡片式变成了计算机管理；读者借阅由封闭型变成了开放型；信息资料的储存由单一的印刷型变成了纸质图书、缩微、电子出版物和网络储存相结合的多元化方式。人们的阅读方式也发生了很大的变化，以至于端坐居室，就可以检索、选择、获取所需要的图书馆及其网络上的一切信息。数字图书馆已不是传统意义上一座孤零零的建筑物，而是一个以用户为主，由分布数据库组成的信息空间。

传统图书馆是数字图书馆的基础。数字图书馆作为一种信息环境，离不开各个具体的图书馆和信息机构的支持。它的信息资源除了一部分由信息生产者以电子形式生产并提供上网外，相当一部分文献（特别是非电子型的文献），还必须靠具体的图书馆或信息服务机构去收集、加工，然后转换成数字形式才能够提供网上利用。此外，电子图书馆还不可能囊括社会上的一切文献信息。目前已有的信息大多是二次信息，全文信息还主要局限在报纸、百科全书、词典、期刊论文等文献形式。而图书馆要把收藏的古今中外浩如烟海的印刷文献转换成为数字形式并提供利用，在短时间内也是无法实现的。因此，数字图书馆出现以后，仍需要传统图书馆继续做好原始文献的典藏和提供工作，尤其是网络上没有的文献信息。

数字图书馆和传统图书馆将长期共存、优势互补。这是因为：

（1）现有的图书馆已经积累了大量的详细资料，要将它们转换为数字形式提供网上利用，不仅工作量庞大，而且在短时间内是无法实现的。

（2）虽然数字图书馆和传统图书馆在存在形态与藏书规模方面存在着明显差异，服务手段与功能也迥然不同，但形态与服务功能的变化并不改变传统图书馆的性质，也无碍传统图书馆的生存。只要社会存在信息，人们需要信息，传统图书馆就不会消亡。

（3）数字图书馆将弥补传统图书馆之不足。首先，数字图书馆的出现，使传统图书馆有了丰富的信息资源保障，有助于传统图书馆进行特色馆藏的建设。其次，数字图书馆的出现，将彻底打破传统图书馆各自为政的局面，可以在信息资源建设方面进行分工协作，真正实现资源共享。此外，数字图书馆的出现，除强化了传统图书馆所突出的文献保存职能和教育职能外，产业性的传递信息的职能、咨询服务职能及娱乐消遣职能也将进一步加强。

（4）传统图书馆仍将发挥数字图书馆所不具备的功能和作用。如保护和收藏国家一些重要的珍贵的文献原件和真迹，提供读者与读者、读者与图书馆工作者、读者与部分图书作者面对面情感交流的场所，举办面对面交流式的学术讲座、图书评论会、学术讨论会、艺术作品展览会等。

（5）目前国家对图书馆等公益性信息服务部门的投入增长相对来说还是有限的，图书馆普遍存在着经费不足的现象，即使在发达国家，这种情况也不乏存在，使其在馆藏建设、数据库开发、信息技术设备购置等方面得不到必要的保障。

综上所述，面对知识经济的飞速发展，传统图书馆必须实现向数字图书馆的转型，但两者不是相互替代的关系，而是相互依赖、相互促进的关系。如果没有传统图书馆选择、收集、加工文献信息，数字图书馆中信息资源就会匮乏；反之，如果没有数字图书馆提供新的信息环境，有限的馆藏和服务就难以满足读者和用户的需要。

10.3.3　国内数字图书馆工程简介

（1）中国数字图书馆。中国数字图书馆是以国家巨额财政投入建立的国家数字图书馆工程为基础，充分依托中国国家图书馆丰富的馆藏资源和国家数字图书馆工程资源建设联盟成员的特色资源，借助遍布全国的信息组织与服务网络建立起来的目前我国规模最大的数字图书馆。截至 2001 年 6 月，该网站已有 6000 万页，合 20 万册数字化图书，内容覆盖经济、文学、计算机技术、历史、医药卫生、工业、农业、军事、法律等 22 个门类。

（2）超星数字图书馆。2000 年 1 月，超星数字图书馆正式开通。超星数字图书馆是国家"863 计划"中国数字图书馆示范工程项目，由北京世纪超星信息技术发展有限责任公司投资兴建，以公益数字图书馆的方式对数字图书馆技术进行推广和示范。图书馆设文学、历史、法律、军事、经济、科学、医药、工程、建筑、交通、计算机和环保等几十个分馆，目前拥有数字图书百余万种。每一位读者下载了超星阅览器（SSReader）后，即可通过互联网阅读超星数字图书馆中的图书资料。

（3）中国高等教育文献保障系统（China Academic Library & Information System，简称 CALIS）。它是经国务院批准的我国高等教育"211 工程"总体建设规划中两个公共服务体系之一。1998年 11 月正式启动现有 500 多所高校加入该系统。CALIS 的总体目标是在教育部的领导下 把国家的投资、现代图书馆理念、先进的技术手段、高校丰富的文献资源和办学资源整合起来，建设以中国高等教育数字图书馆为核心的教育文献联合保障体系，实现信息资源共建、共知、共享，以发挥最大的社会效益和经济效益，为中国的高等教育服务。

CALIS 从 1998 年启动以来，已建立了多个二次文献库和全文数据库，包括：CALIS 高校学位论文数据库、CALIS 联合目录数据库、CALIS 会议论文数据库、CALIS 中文现刊目次数据库等，并开发了文献传递与馆际互借系统，形成了较为完整的 CALIS 文献信息服务网络。

（4）北京高校网络图书馆（简称 BELIS）。依托中国教育科研网（CERNET），充分利用北京地区高校图书馆丰富的馆藏资源，在各图书馆专业特色馆藏建设的基础上，建立"北京地区高校文献资源共享服务体系"，使网上的资源与服务功能达到较高水平，与"'211 工程'高等教育文献保障系统"的建设相补充，形成对北京地区高校网上文献资源的重要补充和教学科研所需文献的联合保障，为北京地区高校的教学科研提供信息支持和咨询服务。

10.4 电子图书及其检索

10.4.1 概述

电子图书（Electronic Book，简称 E – book）是普通书籍以电子版的方式在互联网上出版、发行，是一种与纸质图书相对应的电子版新型书。广义的电子图书指所有应用电子技术手段经过加工编辑，存储于光盘、网络、专用阅读器等不同载体，通过软、硬件技术支持进行阅读并能以某种形式加以复制的数字化图书，它可以包括不同载体的形式，如光盘版、网络版等。狭义的电子图书指通过网络传输并下载的，借助一定阅读器来供人们阅读的图书。

电子图书的特点是：

（1）存储量大、密度高。如一张 5.23 英寸的 CD 可存储 560 兆~600 兆字节，相当于纸质印刷品的 27 万至 30 万页。可解决纸本图书存书的物理空间问题。

（2）查找快捷，使用方便。电子图书可随时随地下载存储，且电子图书检索功能强，查找书中内容十分快捷。它的人机界面同传统图书一样有封面、插图、版式；有纸质文献一样的阅读方式，可整页显示、可翻页、加批注、夹书签、画线、折页。对所查结果可缩小、放大、进行局部编辑，也可进行复制粘贴。

（3）电子图书不需要印刷，传播速度快，且不受时间、空间限制，成本低廉。一般电子图书的价格只有印本图书的五分之一。

10.4.2 电子图书的种类

按其载体可分为：

（1）以光盘为载体的光盘版电子图书；

（2）以网络为载体的网络版电子图书；

（3）以便携设备（即存储电子图书的电子阅读器）为载体的便携式电子图书。

按电子图书加工的方式可分为：

（1）扫描版电子图书：对纸质图书进行电子扫描后生成的电子图像序列，图书的每一页都是一张电子图像。这种方法加工技术简单，成本低廉，但成书质量差，占用存储空间大且全文检索、页面标注、摘录等功能不易实现，因此会逐渐被其他形式的电子图书所取代。

（2）OCR识别书：CCR（光学字符识别）的技术可以将纸质的图书资料转换成电子图书，但单纯的OCR技术存在的识别率不高和不能保留原书的版式这两个弱点阻碍它在图书数字化方面的应用。

（3）录入排版书（也称文本图书）：将书的内容重新录入排版，成书质量高，占用存储空间小，易于检索、标注、摘录等功能的实现，但工作量大且质量取决于操作人员的能力。

（4）格式转换书：通过工具软件将用于印刷的排版文件转换为电子图书，一本300页、25万字的图书只需要几分钟便可转为电子图书，且转换过程不需人工干预，转换结果与原排版文件的内容和版式保持完全一致。

10.4.3 电子图书的检索

10.4.3.1 "书生之家"电子图书馆

"书生之家"电子图书馆由北京书生科技有限公司创办，主要提供1999年以来中国大陆地区出版的新书的全文电子版，目前包括1999年至今的电子新书共17万余种，以后还将不断增加。"书生之家"电子图书馆所收图书涉及社会科学、人文科学、自然科学和工程技术等类别。

通过北京工商大学图书馆主页上馆藏电子资源栏目，选择"书生之家电子图书"图标进入便可检索书生之家电子图书。注意：在阅读全文时必须先下载书生之家浏览器。

书生之家电子图书馆提供了一般检索、高级检索、分类检索三种检索方式。

（1）一般检索。

1）点击检索条下拉框，选择检索项，可从图书名称、出版机构、作者、丛书名称、ISBN号、主题、图书提要等途径进行查询。

2）以"图书名称"作为检索项为例：用户在下拉框中选择图书名称，在它右边的输入框中输入"市场营销"。

3）检索查询结果如图10-1所示，共有332本书名中含有"市场营销"的图书，并列出了这些图书的出版机构、作者、开本大小等信息。点击选中图书的书名，可查看这本图书的详细信息。若要阅读全书，点击"全文"，此时阅读器启动，读者就可以实现在线看书。

（2）高级检索。

高级检索提供了图书名称、ISBN号、出版机构、图书作者、图书提要、丛书名称六种途径的复合式检索，读者可以同时对多

图 10 – 1

个检索项进行选择，提高检索的精确性。

读者根据自己要求填写各可选项，在下拉列表中选择要检索的检索项，不同的下拉列表可以选择相同的检索项。在文本框中输入关键字；若不输入关键字，则此检索条件无效。选择单选钮［与/或］，确定各检索项之间的关系，查到所需图书。

（3）分类检索。

"书生之家"数字图书馆将全部电子图书按《中国图书馆图书分类法》分成 31 个大类，每一大类下又划分子类，子类下又有子类的子类，共 4 级类目，用户可逐级检索。

以查找文学艺术 A 类的书籍为例，可在书生之家首页左栏图书分类下面点击文学艺术 A，再点选子类文学理论，可显示出属于文学理论的子类（总论、文艺美学、文学理论的基本问题、文艺工作者、文学创作理论、各体文学理论和创作方法文学评论、文学欣赏）和属于文学理论的图书。依次逐级检索，共4级，直到最末一级。接下来的步骤与一般检索相同。

（4）阅读/下载图书。

对检索出的图书，可点击翻看"全文"在线阅读图书，也可根据需要下载到本地，或者使用书签、采集卡片、打印等功能。

10.4.3.2　超星数字图书馆

超星数字图书馆成立于1998年，是创办最早、内容丰富、范围广泛的国内最大的在线图书馆。

通过北京工商大学图书馆主页上馆藏电子资源栏目，选择"超星数字图书馆"图标进入，通过"登录"进入超星数字图书馆首页。在页面右侧用户登录区直接点击登录/进入。

（1）检索图书。

1）主题检索。在数字图书检索框输入检索词，点击检索，检索结果将列出所有书名中包含检索词的图书，可直接阅读图书，也可根据需要再次进行组合检索，从题名和目次途径，使用布尔逻辑组配方式再次检索，得到准确结果。

2）分类检索。根据《中国图书馆图书分类法》的分类类目对所有图书记录进行分类检索。点击相应类目直接阅读图书。

（2）下载图书。

1）阅读时在图书阅读页面上点击鼠标右键选择"下载"菜单，即可下载这本图书。

2）自定义下载路径的方法。

①在设置菜单中自定义下载图书的存放路径。

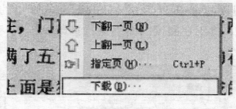

图 10 – 2

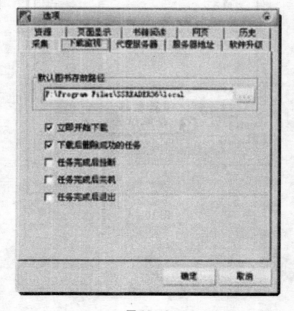

图 10 – 3

②在下载图书时选择图书存放路径。

（3）打印。

在线阅读的图书或已下载到本地的图书均可打印到纸张进行

保存。可在阅读的图书上点击鼠标右键，从弹出的菜单中选择
"打印"命令，将正在阅读的图书进行打印。

图 10 – 4

11 信息检索与论文写作

高校学生在校期间，无一例外地要进行专业课题研究和专业论文的撰写，以作为对几年来学习成果的最直接的反映和考核。进行学术论文写作的意义在于：一是考查自己知识的蕴藏量；二是培养独立思考的习惯和能力；三是提高自己的科研能力。论文的撰写离不开文献信息的收集和分析、吸收和利用等必要的前期工作。有效地积累各种资料，并能充分利用、为己服务，就能取得事半功倍的效果。

学术论文是对某一学术课题在实验、理论或观测上具有新的研究成果或创新见解和知识的科学记录；或是某种已知原理应用于实际中取得新进展的科学总结，用以提供学术会议上宣读、交流或讨论，或在学术刊物上发表，或作其他用途的书面文件。学术论文有三方面含义：是议论文的一类；是进行科学研究的一种手段；是记述科研成果，进行学术交流的一种工具。

11.1 学术论文的类型

11.1.1 按论文的写作目的分类

按论文的写作目的，可分为杂志论文、报告论文和学业论文。

（1）杂志论文。是各学科领域中科研成果的文字记载，专为向杂志社投稿所用。这类论文刊载在专门的学术刊物上，有针对性地阐明问题，总结前人科学研究成果，提出个人的创新见解。促进科学事业的发展是写作此类学术论文的根本目的。它一般要求写得简练、概括，突出对有创见性的观点的论述，对研究过程可简略或不作叙述。由于杂志的级别不同，对论文的要求也不尽相同。一个国家杂志论文数量的多少、质量的高低可从一个方面反映出这个国家的科学技术水平和学术研究的状况。对个人来说，杂志论文发表的多少、杂志级别的高低也常常是其科研水平的标志。

（2）报告论文。是为在各种会议（讨论班）上作报告而撰写的论文。报告论文往往先不形成成形的文字记载。由于受时间、听众心理等客观条件的限制，写法有自身的规定性，先在一定范围内当众宣读，听取反映后再定稿成文，公诸于众。报告论文的主体部分要写得条理清楚，往往用精练的小标题显示，关键之处要做重点强调和必要的重复。全文的其他内容（如绪论、结论等）可概括描述，而分析论证则要尽可能详细、主次分明，以便给听者留下深刻的印象。

（3）学业论文。主要是指高等学校本科生、研究生、博士生撰写的论文，包括学年论文、毕业论文和学位论文。

学年论文是高年级本科生在教师的指导下独立完成的一种带有总结性的论文，一般来说它是一种学术性不强、难度较小、带有练习性的综合性科研作业。

毕业论文是指大学生在毕业时所撰写的带有总结性的论文，它是大学本科生完成学业毕业的重要标志。一般来说它是一种具有一定学术性、难度适中、带有选拔性的综合性答卷。我国学位制度规定，大学本科生毕业可申请学士学位，因此，毕业论文往往同时就是学士学位论文。学生往往是在教师的咨询、指导下进行选题，独立地阅读文献、收集资料、编写提纲，进行科学研究，并最终以论文形式来反映其所取得的研究成果。这类论文在内容上不但要强调较强的科学性，而且注重独创性，一般要求论文字数要在 5000 字以上。

学位论文是用以申请授予相当学位而提出作为考核和评价的文章。它反映学位申请者在某一领域中的学识水平、学术成果以及独立进行创造性科学研究的能力，这是学位评定、授予的重要依据。我国的学位条例把学位论文分为学士、硕士和博士 3 个等级。

学士学位论文是合格的本科毕业生指定的论文。学士学位论文主要是为了培养学生的科学研究能力。要求学生运用已有的知识，独立进行科研活动，分析问题并得出结论。学士学位论文是大学生毕业前进行的全面综合训练，是培养大学生综合素质和解决问题能力的一个非常重要的实践环节。

硕士学位论文是攻读硕士学位的研究生所撰写的论文。硕士学位论文要求能反映作者广泛而深入地掌握专业知识，具有独立进行科研的能力，对所研究的题目有新的独立的见解。要求硕士学位论文要有一定的深度和较好的科学价值，对本专业水平的提高有积极的作用。其字数要求在 2 万~5 万字。

博士学位论文是攻读博士学位的研究生所撰写的论文。要求博士研究生在导师的指导下能够自己选择潜在的研究方向，开辟新的研究领域，掌握相当渊博的相关领域的理论知识，并要求博士研究生具有相当熟练的科学研究能力，对本学科能够提供创造性的见解，具有较高的学术价值和推动学科发展的重要价值。其字数要求在 5 万字以上。

11.1.2 按论文的研究方法分类

按论文的研究方法，可分为理论型论文、实验型论文和描述型论文。

（1）理论型论文。是指针对自然科学各学科专业范围内的某一课题，通过严密的理论推导和理论分析，将感性认识上升到理性认识，对研究成果进行理论概括和总结，提出自己正面的思想、主张、观点和见解的理论性论文。在自然科学领域里，尤其是数学、物理、化学、生物学等基础学科以及所属各专业，理论型学术论文占了较大的比重。

（2）实验型论文。为检验某一科学理论或假说，或为创造发明，或为解决实际问题，有计划、有目的地进行科学实验，对人为特定条件下所获得的事实或现象进行观察、分析、综合、判断，得出科学的结论，然后如实地将实验过程和创造性成果加以归纳总结，并形成书面表述的一种论文形式。

（3）描述型论文。运用的主要研究方法是描述说明。这类论文的写作目的是向读者介绍新发现的具有科学价值的某一客观事物或现象，因此它的重点在说明事物或现象是什么。

11.2 学术论文的特点

（1）学术性。学术，指较为专门的、系统的学问。学术性，就是把专门性的知识积累起来，使它系统化，然后加以探讨、研究。学术论文应具有理论性，一般论文其理论价值和实用价值都不如学术论文，学术性是一篇论文的基本资格。

（2）创造性。一般科技报告、综述、教科书、科普作品等是传授或传播知识的，只要结构合理、阐述清楚就行，而学术论文是为交流学术成就，发表新理论、新设想，探索新方法、新定理而撰写的，没有新的创见就不成其为学术论文。

（3）科学性。科学是学术论文的生命。主要表现在三方面：

1）在内容上，所反映的科研成果，是客观存在的自然现象及其规律的反映，是被实践检验的真理，并能为他人提供重复实验，具有较好的实用价值。

2）在表现形式上，结构严谨清晰，逻辑思维严密，语言简明确切，不含糊其辞。

3）在研究写作过程中，具有严肃的科学态度和科学精神。

11.3　学术论文的写作程序

（1）选题：选题是学术论文写作的开始，是在占有大量资料的基础上，确定研究的方向和目标，选择和确定研究课题、研究方向的过程。选题不仅是科学研究能力的表现之一，也是影响学位论文整体层次的重要因素。常言道：良好的开端是成功的一半。选题是进行科研、写好论文的第一步，往往是在对某一方面进行了比较深入的研究以后，选择有针对性的题目展开论述。

在进行选题时，要进行一次大范围的二次文献资料的调研，需要广泛了解某一学科、某一领域以前及现在的发展和研究状况，广泛涉猎该学科和领域发表的著作与论文以及国内外博、硕士论文，需要检索索引类和文摘类的相关文献。在找到自己感兴趣又可能在这一方面有新的、有价值的发现或独到见解时，可以再进一步细查这一领域的相关文献以确定论文选题。为了提高论文的深度和质量，还需要了解这一学科或领域的总体发展状况和现状，把选中的研究点放在更加开阔的视野和范围之中，这就需要查阅一些具有综述性质的全文文献。为了寻找论文的写作手法和视角，可以查阅相关课题的著作或论文全文；在论文的写作过程中，则要根据写作内容需要随时检索相关文献，如核实一些观点、数据等，这时查阅的文献主要为全文文献。

（2）初步拟订提纲：在开始论文写作之前，比较详细地构拟论文提纲是很必要的。提纲主要是为了帮助我们理清思路，使自己对论文的整体构架有较为清晰的认识，以确定如何下笔，并根据实际情况及时调整自己的时间安排和写作纲要。

（3）材料的收集与整理：材料是科学研究的基础，是构成一切文章的基本要素。论文写作如同垒巢筑屋，必须从收集、积累和占有材料开始。对收集的资料做整理，修改提纲。

（4）确立主题：继续收集资料，不断校正你的观点。

（5）拟订写作提纲，安排论文结构：提供中心论点隶属的各分论点；分论点以下的各层次主要论点的论据材料及基本的论证方法等，往往在拟写提纲后，可以自我检查出有哪些论点不够准确，或者论据材料不够充分；也可以请指导教师帮助调整文章布局，改进不完善的地方。

（6）撰写初稿：再次收集资料，修改初稿。

（7）修改定稿：附加前言、目录、注释（见、参见、详见）、参考资料、封皮等。

（8）打印成稿。

11.4 资料的收集方式和取舍

（1）材料的选择：材料收集要广泛深入，必须有针对性，必须善于去粗取精，并且有较丰富的研究材料。需要收集的资料有三类：

1）基础性资料，指有关这一课题的一切研究成果，包括有关著作、论文、资料辑录、工具书等已有的相关成果，了解它们以便在已有的研究成果的基础上继续深入分析，或从前人的研究中得到启发。

2）论据性资料，指用来立论或论证论题的一切材料，包括古今中外各种事实材料、各类故事、公理、定理、调查报告等。

3）关联性资料，除以上两类材料之外，一切与课题相关的其他材料，包括历代纪元表、图录、相关史料、自然科学资料、学者传略、各类工具书等。另外在资料的收集时还可遵循以下几点：

①先看综述，后看其他类型文章，即先看综合性的文章，后看分支性的文章。

②先看知名学者文章，后看其他作者的文章。

③先看目录、题录，然后有选择地看全文。

④先看时间最近的文章，然后再有选择性地追溯。

⑤先看核心期刊，后看其他期刊。

⑥注意收集政府对该题目的一些政策、法律、法规和文件。

⑦注意了解有关题目研究的历史、来龙去脉。

⑧将认为有价值的文献保存，暂时用不上的记录题录。

⑨报纸上的文章比期刊新，期刊比图书新。网上的文章更新较快。

（2）材料的阅读：对已收集到的文献信息材料，特别是文字材料，根据课题研究和论文写作的需要，首先要进行有计划、有目的的认真阅读，力求掌握其内容的精华。可视资料选择略读、选读和研读的方法进行阅读。

11.5 写作的语言运用

论文本身应当文字精练、畅达；论文撰写应当严谨，文体上应当是研究型、分析论证的议论文；论文撰写和分析论证，涉及专业学术术语时，应当准确了解其固有的、学术界认可的含义，对于公知公认的学术术语，避免对其加以口语化的表述；不提倡标新立异而生造术语，或过于随意地、不尊重原意地借鉴、引进其他学科的专业术语；使用汉语拼音首字或英文首字形成的简称或缩略语，初次使用时应以脚注、括号等加以注明；行文中的句子应长短有变。

11.6 学术论文的基本格式

（1）标题——也称题名，是以最简洁、恰当的词组反映文章中最重要的特定内容的逻辑组合，题名把论文的主体明白无误地告诉读者，并且具有画龙点睛、启迪作者兴趣的功能。编写题名时应注意如下问题：

1）题名一般不用主、谓、宾结构短语，而应使用名词性词组，使题名醒目、简洁、好记；

2）题名一般不宜超过 20 个汉字；

3）题名语意未尽时，可以使用副标题。例如"计算机汉语平台软件的基础——汉语电脑文字的研究"。

（2）署名——是作为拥有版权或发明权的一个声明，论文署名既是作者通过辛勤劳动所得到的一种荣誉，借此求得社会的承认和尊重，是作者文责自负的责任，也是读者与作者进行联系及文献检索的途径之一。署名有集体署名和个人署名两种。

（3）摘要——摘要也称文摘，英文为 Abstract，它是对一篇文献内容的简要和精确的表述，无须补充解释或评论。根据标准对其定义为：“以提供文献内容梗概为目的，不加评论和补充解释，简明、确切地记述文献重要内容的短文。”摘要是对全文的高度浓缩，内容包括研究对象、主要目的、内容、成果、意义。一般不超过 200 字。

（4）关键词——是为了文献标引工作，从论文中选取出来的用以表示全文主要内容信息的单词或术语。

（5）文献标引号——用《中图法》对论文进行分类号标引。

（6）正文——由序论（又称引言）、本论（文章核心）、结语（结论）组成。

（7）引文和附注——论文写作经常要引用其他书籍或杂志中的内容，称引用文献。在使用引文时必须用附注注明其出处。

（8）参考文献——指为撰写或编辑论著而引用的有关图书资料。按规定在各类出版物中，凡引用前人或他人观点、数据和材料等，都要对它们在文中出现的地方予以标明，并在文末依次列出。参考文献应另起一页，标注方式按《GB7714-87 文后参考文献著录规则》进行。

中文：标题—作者—出版物信息（版地、版者、版期）

英文：作者—标题—出版物信息

所列参考文献的要求是：

1）所列参考文献应是正式出版物，以便读者考证。

2）所列举的参考文献要标明序号、著作或文章的标题、作者、出版物信息。

11.7 学术性综述的写作特征

学术性综述有如下特征：
（1）是分析、整理、综合其他人学术观点的一种方式。
（2）具有高度的概括性和总结性。
（3）不能出现诸如"我认为"，"我赞同某观点等"语句。
（4）一定要有引用文献索引。

11.8 写作时应注意的问题

（1）选题要得当。毕业论文应反映出作者能够准确地掌握大学阶段所学的专业基础知识，基本学会综合运用所学知识进行科学研究的方法，对所研究的题目有一定的心得体会，论文题目选择的途径如下：

1）选择你有浓厚兴趣，而且在某方面较有专长的课题。

2）在不了解和了解不详的领域中寻找课题。

3）要善于独辟蹊径，选择富有新意的课题。

4）选择能够找得到足够参考资料的课题。

5）征询导师和专家的意见。

6）善于利用图书馆；图书馆的自动化、网络化为读者选题提供了便利条件。

（2）论证要严密。要求有较深厚的基础理论功底，具有较高的分析、综合能力，必须严谨有序。

11.9　论文发表的道德准则

期刊论文一经发表，其版权便属于出版社，因此稿件一经录用，作者就必须与出版社签署版权协议，协议规定作者不能一稿多投，否则将承担法律责任。

在西方国家的几个主要学术机构，如：英国皇家学会、美国化学学会等，都对重复发表有详细的条文。对于重复发表科研结果，英国皇家学会的道德准则是这样阐述的："不要过多地发表论文。"这种情况是指两篇或多篇论文在互相不引用的情况下，合用相同的假定、数据、讨论要点或结论。已经发表的论文摘要或会议论文集预印本不影响以后的投稿，但是在投稿时应说明全部情况。用另一种语言重新发表论文是可以接受的，只要在投稿时完全地、显著地说明稿件的原始来源。因此，我们可以看到重复发表科研结果并不是完全不可以，而是必须做得规范。

另外，引用别人的文献必须在参考文献中列出，以避免剽窃的嫌疑。

主要参考文献

1. 赵飞，吕瑞花．科技信息检索与论文写作实用教程．北京：兵器工业出版社，2005

2. 周和玉，郭玉强．信息检索与情报分析．武汉：武汉理工大学出版社，2004

3. 李谋信．信息资源检索．北京：机械工业出版社，2004

4. 陈冬花．文献信息检索与利用．上海：上海交通大学出版社，2005

5. 赵岩碧，苟文选．常用文献信息数据库检索指南．北京：化学工业出版社，2006

6. 赵静．现代信息查询与利用．北京：科学出版社，2004

7. 柯平．信息素养与信息检索概论．天津：南开大学出版社，2005

8. 赵小龙，刘士俊．信息资源检索与利用．北京：中国工商出版社，2003

9. 田红梅．科技信息检索与网络应用．北京：气象出版社，2005

10. 张基温．大学信息检索．北京：中国水利水电出版社，2004

11. 祁延莉，赵丹群．信息检索概念．北京：北京大学出版社，2006

12. 阎维兰，刘二稳．信息检索．北京：北京邮电大学出版，2005

13. 高峰．经济信息检索．北京：经济科学出版社，2005

14. 王梦丽，张利平，杜慰纯．信息检索与网络应用．北京：北京航空航天大学出版社，2001

15. 沈固朝．信息检索（多媒体）教程．北京：高等教育出版社，2002

16. 刘晓华，任廷琦．毕业论文写作导读．北京：科学出版社，2004

17. 高润芝．现代信息检索与利用．北京：经济管理出版社，2001

18. http：//www.edu.cn

19. 中国知识产权网

20. 中华人民共和国国家知识产权局网

图书在版编目（CIP）数据

现代信息资源检索与利用/高润芝主编.—2版.
—北京：经济管理出版社，2007.6
ISBN 978 - 7 - 80207 - 947 - 2

Ⅰ．现…　Ⅱ．高…　Ⅲ．情报检索　Ⅳ．G252.7

中国版本图书馆CIP数据核字（2007）第073623号

出版发行：**经济管理出版社**

北京市海淀区北蜂窝8号中雅大厦11层

电话：（010）51915602　　邮编：100038

印刷：**北京国马印刷厂**　　　　　经销：新华书店

责任编辑：常亚波

技术编辑：杨　泠

责任校对：郭红生

850mm×1168mm/32	9印张	214千字
2007年6月第2版	2007年6月第4次印刷	
印数：13001—19000册	定价：18.00元	

书号：ISBN 978 - 7 - 80207 - 947 - 2／F·821